Vaim, hing
ja ihu: 1. osa

Lugu meie „mina" saladuslikust püüdlusest

Vaim, hing ja ihu: 1. osa

Dr. Jaerock Lee

Vaim, hing ja ihu: 1. osa Dr Jaerock Lee
Kirjastaja: Urim Books (Esindaja: Johnny. H. Kim)
235-3, Guro-dong 3, Guro-gu, Seoul, Korea
www.urimbooks.com

Autoriõigusele allutatud. Seda raamatut või selle osasid ei ole lubatud kirjastaja kirjaliku loata mingil kujul reprodutseerida, otsingusüsteemis säilitada ega edastada mingil kujul ega mingite elektroonsete, mehaaniliste vahenditega sellest fotokoopiaid ega salvestusi teha ega seda mingil muul viisil edastada.

(Piiblitsitaadid: Piibel, Tallinn, 1997 – Eesti Piibliseltsi väljaanne)

Autoriõigus @ 2012, Dr Jaerock Lee
ISBN: 979-11-263-1314-3 03230
Tõlke autoriõigus @ 2012, Dr Esther K. Chung. Kasutatud autori loal.

Eelnevalt kirjastatud korea keeles: Urim Books, 2009

Esmaväljaanne juulis, 2012

Toimetaja: Dr Geumsun Vin
Kujundus: Urim Books toimetusbüroo
Tõlkija: Tiina Wilder
Lisateabeks võtke ühendust: urimbook@hotmail.com

Eessõna

Tavaliselt tahavad inimesed edu ja õnnelikku ning mugavat elu. Aga isegi kui neil on raha, võim ja kuulsus, ei pääse keegi surmast. Hiina esimene keiser Shir Huang-di otsis elueliksiiri taime, aga temalgi polnud surmast pääsu. Aga kogu Piiblis õpetas Jumal, kuidas igavest elu saada. See elu tulvab meisse Jeesuse Kristuse kaudu.

Sest ajast saadik kui ma võtsin Jeesuse Kristuse vastu ja hakkasin Piiblit lugema, hakkasin ma palvetama, et ma võiksin Jumala südame sügavust mõista. Jumal vastas mulle pärast seitset aastat rohket palvetamist ja paastuaegu. Kui ma koguduse avasin, selgitas Jumal mulle Püha Vaimu õhutusel paljusid raskeid piiblilõike ja üks neist puudutab üksikasjalikult „vaimu, hinge ja ihu" olemust. See on saladuslik ja laseb meil aru saada inimeste päritolust ja iseendid mõista. See on midagi, mida ma ei saanud mujalt kuulda ja selle teadasaamine valmistas mulle kirjeldamatult suurt rõõmu.

Kui ma edastasin need sõnumid vaimu, hinge ja ihu kohta, tuli sõnumile nii Korea siseselt kui välismaalt palju tunnistusi ja vastuseid. Paljud ütlesid, et nad mõistsid end, said aru, missugused olendid nad olid ja said vastused paljudele rasketele piiblilõikudele ning mõistsid ka tõelise elu saamise teid. Mõned inimesed ütlesid, et nende eesmärgiks oli nüüdsest vaimseks inimeseks saamine ja Jumala jumalikust loomusest osa saamine ja nad püüdlesid selles suunas, nii nagu kirjutatakse 2. Peetruse 1:4, kus öeldakse: „Sel viisil on meile kingitud kõige kallimad ja suuremad tõotused, et te nende kaudu võiksite põgeneda kaduvusest, mis valitseb maailmas himude tõttu, ja saada jumaliku loomuse osaliseks."

Sun Tzu raamatus Sõjakunst öeldakse, et kui te tunnete iseend ja oma vaenlast, ei kaota te iialgi ühtegi lahingut. Raamatu „Vaim, hing ja ihu" sõnumid valgustavad meie „minaolemuse" sügaval asetsevat osa ja annavad õpetust inimeste päritolu kohta. Kui me seda sõnumit põhjalikult tundma õpime ja mõistame, suudame me mõista ka igasuguseid inimesi. Me õpime ka võiduka kristliku elu elamiseks, kuidas meid mõjutanud pimedusejõude võita.

Ma tänan toimetusbüroo direktorit Geumsun Vini ja töötajaid, kes pühendusid selle raamatu kirjastamisele. Ma loodan, et teil on kõiges hea käekäik ja te olete terved nii nagu teie hinge lugu on hea ja saaksite veelgi enam Jumala jumalikust loomusest osa.

Juuni, 2009
Jaerock Lee

Vaimu, hinge ja ihu teekonna algus

„Aga rahu Jumal ise pühitsegu teid läbinisti ning teie vaim ja hing ja ihu olgu tervikuna hoitud laitmatuna meie Isanda Jeesuse Kristuse tulemiseni" (1. Tessalooniklastele 5:23).

Teoloogid on inimolendite koostisosade üle väidelnud dihhotoomse ja trihhotoomse teooria raames. Dihhotoomse teooria alusel koosnevad inimesed kahest osast: vaimust ja ihust, aga trihhotoomne teooria räägib kolmest osast: vaimust, hingest ja ihust. See raamat põhineb trihhotoomsel teoorial.

Tavaliselt võib teadmisi liigitada Jumalat ja inimesi puudutavateks teadmisteks. Meie jaoks on väga oluline saada maapealse elu jooksul Jumala kohta teada. Me võime elada edukalt ja saada igavese elu osalisteks kui me mõistame Jumala südant ja järgime Tema tahet.

Inimesed loodi Jumala kuju järele ja nad ei saa Jumalata elada. Jumalata ei mõista inimesed selgelt ka oma päritolu. Meil võivad olla vastused inimese päritolu puudutavale küsimusele vaid siis kui me teame, kes on Jumal.

Vaim, hing ja ihu kuuluvad valdkonda, mida me ei suuda mõista üksnes inimlike teadmiste, tarkuse ja väega. Seda valdkonda võib meile arusaadavaks teha vaid Jumal, kes mõistab inimeste päritolu. Sama mõttekäigu kohaselt on arvuti valmistajal professionaalsed teadmised arvutite ehituse ja tööpõhimõtete kohta, seega oskab ta ka lahendada igasuguseid arvuti töötamisega seotud probleeme. See raamat on täis neljanda mõõtmega seotud vaimseid teadmisi, mis annavad vaimu, hinge ja ihu puudutavatele küsimustele selged vastused.

Lugejad saavad sellest raamatust teada erilist teavet, mis sisaldab järgmist:

1. Inimese koostisosade – vaimu, hinge ja ihu vaimse mõistmise kaudu saavad lugejad näha oma „minaolemust" ja elust enesest aru saada.

2. Nad jõuavad täielikule arusaamisele enese tegelikust olemusest ja oma „minaolemusest." See raamat näitab lugejatele, kuidas end mõista, nii nagu apostel Paulus ütles 1. Korintlastele 15:31: „Ma suren iga päev" ja kuidas jõuda pühadusele ja muutuda Jumala soovi kohaselt vaimseks inimeseks.

3. Me võime hoiduda vaenlase kuradi ja saatana lõksu langemisest ja saada pimeduse võitmiseks väe vaid siis kui me mõistame end. Nii nagu Jeesus ütles: „Kui see nimetab jumalaiks neid, kelle kohta Jumala Sõna käis – ja Pühakirja ei saa teha tühjaks!-" (Johannese 10:35), näitab see raamat lugejatele otseteed Jumala jumalikust loomusest osa saamiseks ja kõigi Jumala tõotatud õnnistuste saamiseks.

Vaim, hing ja ihu: 1. osa
Sisukord

Eessõna
Vaimu, hinge ja ihu teekonna algus

1. osa Liha moodustumine

1. peatükk   Liha mõiste   2
2. peatükk   Loomine   12
    1. Ruumide saladuslik eraldumine
    2. Füüsiline ruum ja vaimne ruum
    3. Vaimu, hinge ja ihuga inimesed

3. peatükk   Inimesed füüsilises ruumis   36
    1. Eluseeme
    2. Kuidas inimene hakkab eksisteerima
    3. Südametunnistus
    4. Liha teod
    5. Kasvatamine

2. osa Hinge moodustumine
(Hinge tegutsemine füüsilises ruumis)

1. peatükk   Hinge moodustumine   84
    1. Hinge määratlus
    2. Hinge erinev tegevus füüsilises ruumis
    3. Pimedus
2. peatükk   Minaolemus   124
3. peatükk   Liha puudutav   140
4. peatükk   Elava vaimu tasemest kaugemale   158

3. osa Vaimu taastumine

1. peatükk Vaim ja terve vaim 172
2. peatükk Jumala algne plaan 196
3. peatükk Tõeline inimolend 206
4. peatükk Vaimusfäär 222

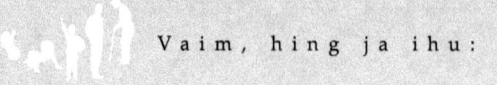 Vaim, hing ja ihu: 1. osa

1. osa

Liha moodustumine

Missugune on inimese päritolu?
Kust me tulime ja kuhu me läheme?

Sest Sina valmistasid mu neerud
ja kudusid mind mu ema ihus.
Ma tänan Sind, et olen
nii kardetavalt imeliselt loodud.
Imelised on Sinu teod,
seda tunneb mu hing hästi.
Mu luud ei olnud varjul Sinu eest,
kui mind salajas loodi,
kui mind maa sügavuses imeliseks kooti.
Su silmad nägid mind juba mu eos
ja Su raamatusse kirjutati kõik päevad,
mis olid määratud,
ehk küll ühtainustki neist ei olnud olemas.
Laul 139:13-16

1. peatükk
Liha mõiste

Inimihu, mis saab aja jooksul taas peotäieks põrmuks; kogu inimeste söödav toit; kõik asjad, mida inimesed näevad, kuulevad ja naudivad ja kõik, mis nad valmistavad – on liha „näited."

Mis on liha?

Inimesed on lihasse jäädes vääritud ja väärtusetud

Kõigil universumi asjadel on erinevad mõõtmed

Kõrgemad mõõtmed allutavad ja valitsevad madalamaid mõõtmeid

Inimajaloo vältel on inimesed püüdnud leida vastust küsimusele „Missugune on inimene?" Selle küsimuse vastus annab meile vastused teistele küsimustele nagu „Millise eesmärgi heaks me eeldatavalt elame?" ja „Missuguse elu elamist meilt eeldatakse?" Inimeksistentsi teemal on tehtud filosoofia ja religiooni vallas laialdasi uurimusi, uurimistöid ja mõtisklusi, aga lihtsa ja sisutiheda vastuse leidmine pole nii lihtne.

Sellegipoolest püüavad inimesed korduvalt ja pidevalt leida vastust, küsides täiendavalt: „Missugune olend on inimene?" ja „Kes ma olen?" Niisuguseid küsimusi küsitakse, kuna nende küsimuste vastusest võib edukalt saada võti inimeksistentsi fundamentaalsete probleemide lahendamiseks. Selle maailma uuringud ei suuda niisugustele küsimustele selget vastust anda, aga Jumal suudab. Ta lõi universumi ja kõik, mida see sisaldab ja Ta lõi inimese. Jumala vastus on õige. Me võime leida võtme taoliste küsimuste vastuseks Piiblist, mis on Jumala Sõna.

Teoreetikud liigitavad sageli inimese koostisosad kahte kategooriasse, inimese „vaimuks" ja „ihuks". Vaimset puudutav osa liigitatakse „vaimuks" ja nähtavatest füüsilistest külgedest koosnevat osa kutsutakse „ihuks". Kuid Piiblis liigitatakse inimese koostisosad kolmeks: vaimuks, hingeks ja ihuks.

1. Tessalooniklastele 5:23 kirjutatakse: „Aga rahu Jumal ise pühitsegu teid läbinisti ning teie vaim ja hing ja ihu olgu tervikuna hoitud laitmatuna meie Isanda Jeesuse Kristuse tulemiseks."
Vaim ja hing ei ole üks ja sama. Neil pole vaid erinevad nimetused, vaid erinev olemus. „Inimese" olemuse mõistmiseks tuleb meil teada saada, mis on ihu, hing ja vaim.

Mis on liha?

Vaatleme esiteks sõna „liha" määratlust sõnaraamatus. Merriam-Websteri sõnaraamatus The Merriam-Webster Dictionary öeldakse, et liha on „loomakeha ja eriti selgroogsete pehmed osad; eriti: osad, mis koosnevad peamiselt skeletilihastest, eraldi siseorganitest, luudest ja kestast." See võib tähistada ka looma söödavaid osasid. Aga selleks, et mõista „liha" piibellikku tähendust, tuleb meil sõnaraamatu määratluse asemel selle vaimset tähendust mõista.

Piiblis kasutatakse sageli sõnu „ihu" ja „liha". Enamasti on neil sõnadel vaimne tähendus. Vaimses mõttes puudutab liha üldmõiste riknevaid, muutuvaid ja viimaks aja jooksul kaduvaid asju. See tähistab ka musti ja ebapuhtaid asju. Roheliste lehtedega puud kuivavad ühel päeval ja surevad ja nende okstest ja tüvedest võidakse teha küttepuid. Puud, taimed ja kõik asjad looduses hukkuvad, kõdunevad ja kaovad aja jooksul. Seega on nad kõik liha. Aga kuidas on lood kõigi loodute isanda – inimesega? Tänapäeval on maailmas umbes seitse miljardit inimest. Isegi käesoleval hetkel sünnivad maapealsetes kohtades pidevalt lapsed ja teistes kohtades surevad pidevalt inimesed. Surres saavad inimihud taas peotäieks põrmuks ja needki on seega liha. Lisaks, söödud toit, räägitud keeled, mõtteid kirja panevad tähestikud ja teaduslikud tehnoloogilised tsivilisatsioonid, mida inimesed vajavad, on samuti liha. Need riknevad, muutuvad ja surevad aja jooksul. Seega on kogu maapealne nähtav osa ja kõik meile teadaolev universumis „liha".

Jumala jätnud inimesed on lihalikud olendid. Nende tehtu on samamoodi „liha". Mida lihalikud inimesed arendavad ja taotlevad? Nad taotlevad vaid lihahimu, silmahimu ja elukõrkust. Ka inimese arendatud tsivilisatsioonid on inimese viie meele rahuldamiseks. Need on naudingu taotlemiseks ja lihalike himude ja soovide täitmiseks. Aja jooksul on inimesed pidevalt otsinud üha sensuaalsemaid ja provokatiivsemaid asju. Mida enam tsivilisatsioon areneb, seda himuramateks ja rikutumateks inimesed muutuvad.

Sel ajal kui on olemas nähtav „liha", on olemas ka nähtamatu „liha". Piiblis öeldakse, et vihkamine, tülitsemine, kadedus, tapmine, abielurikkumine ja igasugune patuga seotud loomus on liha. Nii nagu lillelõhn, õhk ja tuul on olemas, kuigi nad on nähtamatud, on inimsüdames ka nähtamatut patuloomust. Kõik need on samuti „liha". Seega, liha on üldmõiste, mis tähistab kõiki riknevaid ja aja jooksul muutuvaid asju universumis ja kogu ebatõde nagu patte, kurjust, ebaõiglust ja seadusetust.

Roomlastele 8:8 öeldakse: „Kes elavad oma loomuse järgi, need ei suuda meeldida Jumalale." Kui selle salmi „liha" tähistaks vaid inimese füüsilist ihu, tähendaks see, et ükski inimolend ei suudaks iialgi Jumalale meelepärane olla. Seega peab sellel olema teistsugune tähendus.

Samuti ütles Jeesus Johannese 3:6: „Lihast sündinu on liha, ja Vaimust sündinu on vaim" ja Johannese 6:63: „Vaim on see, kes elustab, lihast ei ole mingit kasu. Sõnad, mis ma teile olen rääkinud, on vaim ja elu." „Liha" tähistab siin samuti riknevaid ja muutuvaid asju ja sellepärast Jeesus ütles, et sellest pole mingit kasu.

Inimesed on lihasse jäädes vääritud ja väärtusetud

Erinevalt loomadest, taotlevad inimesed teatud väärtusi, mis põhinevad nende tunnetel ja mõtetel. Aga need ei ole igavesed ja seega on ka kõik need liha. Asjad, mida inimesed peavad väärtuslikuks, nagu rikkus, kuulsus ja teadmised, on samuti tähendusetud asjad, mis hävivad varsti. Kuidas on „armastuse" tundega? Kui kaks inimest käivad kohtamas, võivad nad öelda, et nad ei suuda teineteiseta elada. Aga paljud taolised paarid muudavad pärast abiellumist meelt. Nad vihastuvad kergelt ja nõrdivad ning muutuvad isegi vägivaldseks lihtsalt seetõttu, et neile ei meeldi miski. Seega, kõik need tundemuudatused on samuti liha. Kui inimesed püsivad lihas, ei erine nad palju loomadest ega taimedest. Jumala silmis on kõik asjad lihtsalt liha, mis hävib ja kaob.

Peetruse 1:24 öeldakse: „Sest „kõik inimlik on kui rohi ja kogu ta hiilgus nagu rohu õieke. Rohi kuivab ära ja õieke variseb maha, aga Isanda Sõna jääb igavesti" ja Jakoobuse 4:14 öeldakse: „Teie, kes ei tea, missugune on homme teie elu! Te olete ju aur, mida on hetke näha, ja siis see haihtub."
Inimihu ja inimeste mõtted on tähendusetud, kuna need lahknevad vaimust ehk Jumala Sõnast. Kuningas Saalomonil oli igasugune au ja hiilgus, mis maapealsel inimesel olla võis, aga ta taipas liha tähendusetust ja ütles: „Tühisuste tühisus," ... „tühisuste tühisus, kõik on tühine!" Mis kasu on inimesel kogu oma vaevast,millega ta ennast vaevab päikese all?" (Koguja 1:2-3)

Kõigil universumi asjadel on erinevad mõõtmed

Füüsikas või matemaatikas määratakse mõõtmed ühega kolmest koordinaadist, mis määrab ruumilise asendi. Joonel asetseval punktil on üks koordinaat ja see on ühemõõtmeline. Tasapinnal asetseval punktil on kaks koordinaati ja see on kahemõõtmeline. Samamoodi on ruumilisel punktil kolm koordinaati ja see on kolmemõõtmeline.

Ruum, milles me elame, on füüsikaterminite kohaselt kolmemõõtmeline maailm. Süvafüüsikas peetakse aega neljandaks mõõtmeks. Niimoodi mõistetakse teaduses mõõtmeid.

Aga vaimu, hinge ja ihu perspektiivist võib mõõtmed üldiselt jagada füüsiliseks ja vaimseks mõõtmeks. Füüsilist mõõdet liigitatakse taas alates „mõõtmeteta" kuni „kolmemõõtmeliseni." Esiteks, mõõtmeteta termin tähistab elutuid asju. Sellesse kategooriasse kuuluvad kivid, muld, vesi ja metallid. Kõik elusolendid kuuluvad kas ühe-, kahe- või kolmemõõtmelisse kategooriasse.

Ühemõõtmelised on asjad, mis on elus ja hingavad, kuid ei suuda liikuda, see tähendab, et neil puudub funktsionaalne liikuvus. Sellesse mõõtmesse kuuluvad lilled, rohi, puud ja teised taimed. Neil on ihu, aga puuduvad hing ja vaim.

Kahemõõtmelised on elusad asjad, mis hingavad, liiguvad ja millele on ihu ja hing. Need on loomad nag näiteks lõvid, lehmad ja lambad; linnud, kalad ja putukad. Koerad suudavad oma peremeest ära tunda või võõraste peale haukuda, sest neil on hing.

Kolmemõõtmelised on asjad, mis hingavad, liiguvad ja millel on hing ja vaim, mis on nähtavas ihus. See käib inimolendite kohta, kes on kogu loodu valitsejaks. Erinevalt loomadest, on inimestel vaim. Nad suudavad mõtelda ja Jumalat otsida ja nad usuvad Jumalat.

On olemas ka silmaga nähtamatu neljas mõõde. See on vaimne mõõde. Jumal, kes on vaim, taevaväed ja inglid ja keerubid kuuluvad vaimsesse mõõtmesse.

Kõrgemad mõõtmed allutavad ja valitsevad madalamaid mõõtmeid

Kahemõõtmelised olendid saavad allutada ja valitseda ühemõõtmelisi või madalamamõõtmelisi asju. Kolmemõõtmelised olendid saavad allutada ja valitseda kahemõõtmelisi või madalamamõõtmelisi olendeid. Madalamamõõtmelised olendid ei mõista mõõtmeid, mis on nende omast kõrgemal. Ühemõõtmelised eluvormid ei suuda mõista teist mõõdet ja kahemõõtmelised eluvormid ei suuda kolmandat mõõdet mõista. Näiteks, oletame, et teatud inimene külvab teatud seemet pinnasesse, kastab seda ja kannab selle eest hoolt. Kui seeme tärkab, kasvab seemnest puu ja kannab vilja. Seeme ei mõista, mida inimene sellele tegi. Isegi kui inimesed trambivad ussikeste peal ja need surevad, ei tea nad oma surma põhjust. Suuremad mõõtmed võivad madalamamõõtmelisi olendeid alistada ja valitseda, aga üldiselt jääb madalamatel mõõtmetel vaid üle kõrgemate mõõtmete valitsuse all olla.

Samamoodi ei mõista kolmemõõtmelised inimolendid neljamõõtmelisse maailma kuuluvat vaimusfääri. Seega ei saa lihalikud inimesed tegelikult deemonite ikke ja valitsuse suhtes midagi ette võtta. Aga kui me vabaneme lihast ja muutume vaiminimeseks, võime me neljamõõtmelisse maailma minna. Siis me võime kurje vaime alistada ja võita.

Jumal, kes on vaim, tahab, et Ta lapsed mõistaksid neljamõõtmelist maailma. Niimoodi saavad nad Jumala tahtest aru, kuuletuvad Talle ja saavad elu. 1. Moosese raamatu 1. peatükis, enne seda kui Aadam sõi hea ja kurja tundmise puust, alistas ta kõik ja valitses kõigi asjade üle. Aadam oli kunagi elav vaim ja kuulus neljandasse mõõtmesse. Aga pärast patustamist ta vaim suri. Nüüd ei kuulu kolmandasse mõõtmesse vaid üksnes Aadam, aga ka kõik tema järeltulijad. Vaatame nüüd, kuidas Jumala loodud inimene langes kolmandasse mõõtmesse ja kuidas inimesed võivad neljamõõtmelisse maailma naasta!

2. peatükk
Loomine

Looja Jumal tegi inimese kasvatamiseks hämmastava plaani. Ta eraldas Jumala ruumi füüsiliseks ja vaimseks ruumiks ja lõi taevad ja maa ja kõik, mis neis oli.

1. Ruumide saladuslik eraldumine

2. Füüsiline ruum ja vaimne ruum

3. Vaimu, hinge ja ihuga inimesed

Aegade algusest peale oli Jumal üksinda universumis olemas. Ta oli Valguse näol olemas ja valitses kõike, mis liikus universumi tohutus ruumis. 1. Johannese 1:5 kirjutatakse, et Jumal on Valgus. See tähistab peamiselt vaimset valgust, aga see tähistab ka Jumalat, kes oli Valguse näol alguses olemas.

Keegi ei sünnitand Jumalat. Ta on täiuslik olend, kes on iseenesest olemas. Seega me ei peaks püüdma Teda oma piiratud väe ja teadmistega mõista. Johannese 1:1 sisaldub „alguse" saladus. Seal öeldakse: „Alguses oli Sõna." See selgitas Jumala kuju, mis sisaldus Sõnas saladuslikul ja kõige ilusamas valguses, valitsedes kogu universumi ruumi.

Siin tähendab „algus" mingit hetke enne igavikku, hetke, mida inimesed ei suuda ette kujutada. See on isegi enne 1. Moosese raamatu 1:1 „algust", mis oli loomise alguses. Mis siis juhtus enne maailma loomist?

1. Ruumide saladuslik eraldumine

Vaimusfäär ei ole väga kaugel. Nähtava taeva erinevates osades on vaimusfääriga ühenduses olevad väravad.

Pärast väga pika aja möödumist tahtis Jumal, et Tal oleks keegi, kellega armastust ja kõike muud jagada. Jumalal on jumalik ja inimlik külg ja sellepärast Ta tahtis kogu olemasoleva enesele hoidmise asemel jagada kõike, mis Tal oli. Seda meeles pidades, tegi Ta inimese kasvatamise plaani. Selles plaanis sisaldus inimeste loomine, nende õnnistamine, et neid saaks arvuliselt rohkem ja nad paljuneksid ja arvukate Jumala sarnaste hingede saamine ning nende taevariiki kogumine. See sarnaneb põllumehe vilja kasvatamisele, kogumisele ja siis saagi aita panekule.

Jumal teadis, et Tema elukoha jaoks oli vaja vaimset ruumi ja füüsilist ruumi, kus toimus inimese kasvatamine. Ta eraldas tohutu universumi vaimusfääriks ja füüsiliseks maailmaks. Sellest hetkest alates hakkas Jumal eksisteerima Kolmainsusena, Jumala Isa, Jumala Poja ja Jumala Püha Vaimuna, kuna tulevikus aset leidva inimese kasvatamise jaoks oli vaja Päästjat Jeesust ja Abistajat Püha Vaimu.

Johannese ilmutuses 22:13 öeldakse: „Mina olen A ja O, esimene ja viimane, algus ja ots!" See ülestähendus on Kolmainu

Jumala kohta. „Alfa ja oomega" tähistab Isa Jumalat, kes on kõigi teadmiste ja inimolendite tsivilisatsiooni algus ja lõpp. „Esimene ja viimane" tähistab Jumala Poega Jeesust, kes on inimese pääsemisel esimene ja viimane. „Algus ja lõpp" tähistab Püha Vaimu, kes on inimese kasvatamise algus ja lõpp. .

Poeg Jeesus täidab Päästja kohust. Püha Vaim tunnistab Aitajana Päästjast ja Ta viib inimese pääsemise lõpule. Piiblis esitatakse Püha Vaim erinevatel viisidel, võrreldes Teda tuvi või tulega ja Teda tähistatakse ka „Jumala Poja Vaimuna." Galaatlastele 4:6 öeldakse: „Et te olete aga pojad, siis on Jumal läkitanud teie südamesse oma Poja Vaimu, kes hüüab: „Abba! Isa!" Samuti öeldakse Johannese 15:26: „Kui tuleb Lohutaja, kelle ma teile Isa juurest saadan, Tõe Vaim, kes lähtub Isast, siis Tema tunnistab minust."

Isa Jumal, Poeg ja Püha Vaim võtsid eri kuju, et täita inimese kasvatamise ettehoolet ja nad arutasid kõiki plaane ühiselt. Seda kujutatakse 1. Moosese raamatu 1. peatükis, kus kirjutatakse loomisest.

Kui 1. Moosese raamatus 1:26 öeldakse: „Ja Jumal ütles: „Tehkem inimesed oma näo järgi, meie sarnaseks," ei tähendanud see, et inimesed tehti vaid Isa Jumala, Poja ja Püha Vaimu välise kuju järgi. See tähendab, et Jumal annab vaimu, mis on inimese aluseks ja see vaim on püha Jumala sarnane.

Füüsiline sfäär ja vaimusfäär

Kui Jumal oli üksinda olemas, ei pidanud Ta füüsilist ja vaimusfääri eristama. Aga inimese kasvatamiseks oli vaja füüsilist sfääri, kus elaksid inimolendid. Sellepärast eraldas Ta füüsilise sfääri vaimusfäärist.

Aga füüsilise ja vaimusfääri eraldamine ei tähenda, et see jagati kaheks täiesti erinevaks ruumiks, nii nagu midagi lõigatakse kaheks. Näiteks, oletame, et toas on kahte liiki gaasid. Me lisame teatud kemikaale, et üks gaas paistab punane ja on seega teisest gaasist eristatav. Kuigi toas võib olla kaks gaasi, näevad meie silmad ainult punast värvi gaasi. Isegi kui teine gaas pole nähtav, on see kindlasti samuti seal olemas.

Samamoodi eraldas Jumal tohutu vaimuruumi nähtavaks füüsiliseks sfääriks ja nähtamatuks vaimusfääriks. Muidugi ei eksisteeri füüsiline sfäär ja vaimusfäär samamoodi nagu näites toodud kaks gaasi. Nad paistavad eraldi olevat, aga kattuvad. Ja samas kui nad näivad kattuvat, on nad samuti eraldi.

Jumal pani vaimusfääri erinevatesse kohtadesse universumis väravad tõendiks, et füüsiline sfäär ja vaimusfäär eksisteerivad eraldi ja saladuslikult. Vaimusfäär ei ole kaugel eemal. Paljudes kohtades nähtavas taevas on vaimusfääri viivad väravad. Kui Jumal avaks meie vaimusilmad, võiksime me teatud juhtudel nende väravate kaudu vaimusfääri näha.

Kui Stefanos oli täis vaimu ja nägi Jeesust Jumala paremal käel seismas, juhtus see, kuna nii tema vaimusilmad kui ka vaimusfääri viiv värav olid avatud (Apostlite teod 7:55-56). Eelija võeti elusalt Taevasse. Ülestõsnud Isand Jeesus läks Taevasse. Muutumise mäel ilmusid Mooses ja Eelija. Me võime mõista, kuidas need sündmused leidsid tegelikult aset, kui me tunnistame vaimusfääri viivate väravate olemasolu.

Universum on tohutult avar ja võimalikult piiramatu ruumalaga. Maalt nähtav ala (jälgitav universum) on umbes 46 miljardi valgusaasta1 raadiusega sfäär. Kui vaimusfäär eksisteerib pärast füüsilise universumi lõppu, kuluks vaimusfääri jõudmiseks ka kõige kiirema kosmoselaevaga tegelikult lõpmatult kaua aega. Samuti, kas te suudate ette kujutada kui kaugele peavad inglid vaimusfääri ja füüsilise maailma vahel liikudes minema? Aga nende vaimusfääri viivate avanevate ja sulguvate väravate olemasolu tõttu võib vaimusfääri ja füüsilise maailma vahel liikuda sama lihtsalt kui uksest sisse jalutades.

Jumal tegi neli taevast

Pärast seda kui Jumal eraldas universumi vaimusfääriks ja füüsiliseks sfääriks, eraldas Ta need rohkemateks taevasteks, vastavalt vajadusele. Piiblis mainitakse, et ei ole vaid üks taevas, vaid mitu. Tegelikult räägitakse Piiblis, et on olemas palju teisi taevaid, mida võib füüsiliste silmadega näha.

5. Moosese raamatus 10:14 kirjutatakse: „Vaata, Isanda, su Jumala päralt on taevas ja taevaste taevas, maa ja kõik, mis seal on!" ja Laulus 68:34 kirjutatakse: „Temale, kes sõidab taevaste taevas, mis on muistsest ajast! Ennäe, Tema annab kuulda oma häält, võimsat häält." Ja kuningas Saalomon ütles 1. Kuningate raamatus 8:27: „Aga kas Jumal tõesti peaks elama maa peal? Vaata, taevas ja taevaste taevas ei mahuta Sind, veel vähem siis see koda, mille ma olen ehitanud!"

Jumal kasutas sõna „taevas" vaimusfääri väljendamiseks, et meil oleks lihtsam vaimusfääri ruumidest aru saada. „Taevad" olid tavaliselt liigitatud neljaks taevaks. Kogu füüsiline ruum, kaasa arvatud meie maa, päikesesüsteem, galaktika ja kogu universum, on esimene taevas.

Teisest taevast edasi tulevad vaimsed ruumid. Eedeni aed ja ruum, kus on kurjad vaimud, asuvad teises taevas. Pärast seda kui Jumal lõi inimessed, lõi Ta ka Eedeni aia, mis on teises taevas asuv valguse ala. Jumal tõi inimese aeda ja lasi tal kõik enesele allutada ja kõige üle valitseda (1. Moosese raamat 2:15).

Jumala troon asub kolmandas taevas. See on taevariik, kus elavad jumalalapsed, kes pääsesid sinna inimese kasvatamise teel.

Neljas taevas on esialgne taevas, kus Jumal eksisteeris enne ruumide eraldamist Valguse kujul üksinda. See on saladuslik ruum, kus kõik täitub täpselt Jumala ettekujutuse kohaselt. See ruum on ka igasuguse aja- ja ruumipiirangu väline.

2. Füüsiline ruum ja vaimne ruum

Mil põhjusel nii paljud piibellikud õpetlased on püüdnud leida Eedeni aeda, ent tulutult? See on olnud tulutu, kuna Eedeni aed asub teises taevas, mis on vaimusfäär.

Jumala eraldatud ruumi võib jagada füüsiliseks ja vaimseks ruumiks. Jumal tegi inimese kasvatamise kaudu saadavatele lastele kolmandasse taevasse taevariigi ja Ta seadis maa esimesse taevasse, et see oleks inimese kasvatamise kasvulava.

1. Moosese raamatu 1. peatükis on Jumala kuuepäevase loomise protsess lühidalt kirja pandud. Jumal ei teinud alguses täielik ja täiuslikku maad. Esiteks rajas ta katva liigutuse ja paljude meteoroloogiliste nähtustega aluse maapinnale ja siis taevale. Jumal nägi pika aja jooksul suurt vaeva ja tuli vahel isegi maa peale isiklikult alla, et näha, kuidas asjad edenevad, sest maa oli pinnas, kust Ta hakkas saama oma armastatud tõelisi lapsi.

Looted kasvavad turvaliselt üsas asuvas lootevedelikus. Samamoodi oli pärast maa moodustamist ja sellele aluse panekut maa kaetud suurte veekogustega ja see vesi oli kolmandast taevast lähtuv eluvesi. Maa oli eluveega katmise järgselt lõpuks valmis kõigi asjade elupinnaks olema. Siis alustas Jumal Loomist.

Füüsiline ruum, inimese kasvatamise pind

Kui Jumal ütles Loomise esimesel päeval: „Saagu valgus!", tuli Ta troonilt vaimne valgus, mis kattis maa. Selle valgusega sisenes kõigi asjade sisse Jumala igavene vägi ja jumalik loomus ja loodusseadused hakkasid kõikide asjade toimimist reguleerima (Roomlastele 1:20).

Jumal eraldas valguse pimedusest ja kutsus valgust „päevaks" ja pimedust „ööks". Jumal tegi isegi enne päikese ja kuu loomist seaduse, et hakkab olema päev ja öö ja aja kulgemise.

Teisel päeval valmistas Jumal laotuse ja ja lahutas veed, mis olid laotuse all, vetest, mis olid laotuse peal. Jumal kutsus laotust taevaks, mis on silmaga nähtav taevas. Põhikeskkond tehti nüüd kõigi elusolendite toetamiseks. Õhk tehti elusolendite hingamiseks; sinna tehti pilved ja taevas, kus leiavad aset meteoroloogilised nähtused.

Laotuse all olev vesi jäi maapinnale. See oli ookeane, meresid, järvi ja jõgesid moodustavate vete läte (1. Moosese raamat 1:9-10).

Laotuse kohal olev vesi reserveeriti teises taevas asuva Eedeni jaoks. Kolmandal päeval pani Jumal laotuse all oleva vee ühte paika kogunema, et eraldada meri maast. Ta lõi ka rohu ja aedviljad. Neljandal päeval lõi Jumal päikese, kuu ja tähed ja lasi neil valitseda päeva ja ööd. Viiendal päeval tegi ta kalad ja linnud. Viimaks, kuuendal päeval lõi Jumal kõik loomad ja inimesed.

Nähtamatu vaimne ruum

Eedeni aed asub teise taeva vaimusfääris, aga erineb kolmanda taeva vaimusfäärist. See ei ole täielik vaimusfäär, kuna see võib füüsilise mõõtmega kooseksisteerida. Lihtsustatult, see on nagu liha ja vaimu vahestaadium. Pärast seda kui Jumal lõi inimese elavaks vaimus, istutas Ta idasse, Eedenisse, aia ja tõi aeda inimese (1. Moosese raamat 2:8). Siin ei tähista „ida" füüsilist ida. Selle eritähenduseks on „valgustega ümbritsetud ala". Paljud piibliõpetlased arvavad tänapäevani, et Eedeni aed asus kusagil Eufratese ja Tigrise jõe piirkonnas ja kuigi nad on laialdaselt uurinud ja palju arheoloogilisi väljakaevamisi teostanud, ei ole nad aiast jälgegi leidnud. Põhjuseks on see, et aed, kus Aadama „elav vaim" kunagi elas, on teises taevas, mis on vaimusfäär.

Eedeni aed on hiiglasuur ruum, mida on raske ette kujutada. Lapsed, keda Aadam sigitas enne pattulangemist, elavad seal edasi ja sünnitavad jätkuvalt uusi lapsi. Eedeni aias ei ole ruumipiirangut ja see ei saa aja jooksul kunagi ülerahvastatud.

Aga 1. Moosese raamatus 3:24 on kirjas, et Jumal seadis keerubid ja tuleleegina sähviva mõõga, Eedeni aiast idasse. See sündis, kuna aiast idasse jääv ala külgnes pimeduse alaga. Kurjad vaimud tahtsid mitmel põhjusel alati aeda pääseda. Esiteks, nad tahtsid Aadamat ahvatleda ja teiseks, nad tahtsid elupuu vilja saada. Nad tahtsid viljast süües igavest elu saada, et Jumala vastu igavesti seista. Aadama ülesanne oli kaitsta Eedeni aeda pimedusjõudude eest. Aga kuna saatan pettis Aadamat ja ta sõi hea ja kurja tundmise puust ning aeti ajast välja, maa peale, võtsid keerubid ja tuleleegina sähviv mõõk tema ülesande üle.

Me võime järeldada, et nii valguse ala, kus asus Eedeni aed kui ka pimeduse ala, kus on kurjad vaimud, eksisteerivad teises taevas. Pealegi, teise taeva valguse alas on koht, kus usklikel toimub seitsmeaastane pulmasöömaaeg Isandaga pärast Ta teist tulekut. See on palju ilusam kui Eedeni aed. Kõik, kes on maailma loomisest alates päästetud, osalevad seal ja võib vaid ette kujutada kui suur see ala on.

Vaimusfääris on ka kolmas ja neljas taevas ja nende kohta selgitatakse üksikasjalikumalt Vaim, Hing ja Ihu teises osas. Jumal jaotas füüsilise ja vaimse ruumi ja liigitas need mitmeks eri ruumiks lõppude lõpuks meie, inimeste, jaoks. Ta tegi seda inimese kasvatamise ettehoolde raames, et saada omale tõelisi lapsi. Aga millistest osadest ja kuidas on tehtud inimene?

3. Vaimu, hinge ja ihuga inimesed

Piiblisse kirja pandud inimsoo ajalugu algas ajast, mil Aadam aeti patu tõttu maa peale. See ajalugu ei sisalda aega, mil Aadam elas Eedeni aias.

1) Aadam, elav vaim

Esimese inimese Aadama mõistmisest algab inimese põhiolemuse arusaam. Jumal lõi Aadama inimese kasvatamiseks elavaks vaimuks. 1. Moosese raamatus 2:7 selgitatakse Aadama loomist: „Ja Isand Jumal valmistas inimese, kes põrm oli, mullast, ja puhus tema ninasse eluhinguse: nõnda sai inimene elavaks hingeks."

Jumal kasutas Aadama loomiseks maapõrmu, kuna inimesed läbisid maa peal inimese kasvatamise faasi (1. Moosese raamat 3:23).

See sündis ka, kuna muld, mis on maapõrm, muutub oma olemuselt vastavalt sellele lisatud elementidele.

Jumal ei teinud maapõrmust vaid inimese kuju, vaid ka ta siseelundid, luud, veresooned ja närvid. Väga hea potissepp teeks peotäiest peenest savist väärtusliku portselanist eseme. Kui ilus pidi olema inimene, kuna Jumal lõi inimese oma kuju järele!

Aadam tehti puhta piimvalge nahaga. Ta oli tugeva kehaehitusega ja ta ihu oli pealaest jalatallani täiuslik, nii nagu olid kõik ta organid ja iga ta ihurakk. Ta oli ilus. Kui Jumal hingas Aadamasse eluõhku, sai temast elusolend, mis on elav vaim. See protsess sarnaneb hästi monteeritud pirnile, mis ei saa iseenesest valgust paista. See saab valgustada vaid elektrivarustuse olemasolu korral. Aadama süda hakkas lööma, ta veri ringlema ja kõik tema organid ja rakud hakkasid funktsioneerima alles pärast Jumala käest eluõhu saamist. Ta aju hakkas tööle, silmad hakkasid nägema ja kõrvad kuulma ja ta ihu hakkas pärast eluõhu saamist soovikohaselt liikuma.

Eluõhk on Jumala väekristall. Seda võib kutsuda ka Jumala energiaks. See on peamiselt eluallikas elu edasimineku jaoks. Pärast seda kui Jumal hingas Aadamasse eluõhku, sai Aadam vaimse kuju, mis sarnanes täpselt tema ihule. Nii nagu Aadamal oli füüsilise ihu jaoks kuju, sai ka ta vaim kuju, mis nägi ihuga täpselt samasugune välja. Antud raamatu teises osas selgitatakse vaimu kuju üksikasju lähemalt.

Nüüdseks elava vaimu, Aadama ihu, koosnes kadumatust lihast ja luudest ihust. Ihus oli vaim, mis suhtles Jumalaga ja vaimu aitav hing. Hing ja ihu kuuletusid vaimule ja niimoodi pidas inimene Jumala Sõna ja suhtles Jumalaga, kes on vaim.

Aga kui Aadam esialgu loodi, oli tal täiskasvanu ihu, ent puudusid teadmised. Nii nagu imik võib saada kohased omadused ja etendada ühiskonnas produktiivset rolli vaid hariduse abil, vajas ka tema kohaseid teadmisi. Seega, pärast seda kui Jumal viis Aadama Eedeni aeda, õpetas Ta talle tõe ja vaimu kohta käivaid teadmisi. Jumal õpetas talle kõigi asjade harmooniat universumis, vaimumaailma seadusi, tõesõna ja Jumala piiramatut tundmist. Seetõttu võis Aadam maa allutada ja kõike valitseda.

Elu loendamatult pika ajavahemiku jooksul

Aadam, elav vaim, valitses Eedeni aeda ja maad kogu loodu isandana ja tal olid kõiksugused teadmised ja vaimne tarkus. Jumal arvas, et tal polnud hea üksinda olla ja lõi ühest ta ribist naise, Eeva. Jumal tegi Eevast Aadamale sobiva abilise ja lasi neil saada üheks ihuks. Aga küsimus on selles, kui kaua nad elasid Eedeni aias?

Piiblis ei tooda kindlat arvu, aga nad elasid Eedeni aias kirjeldamatult pika ajavahemiku jooksul. Ent 1. Moosese raamatus 3:16 öeldakse: „Naisele Ta ütles: „Sinule ma saadan väga palju valu, kui sa lapseootel oled: sa pead valuga lapsi ilmale tooma! Sa himustad küll oma meest, aga tema valitseb su üle."

Eeva sooritatud patu tagajärjel sai ta neetud ja see suurendas väga palju tema lapsesünnitamise valu. Teiste sõnadega, enne needmist oli ta Eedeni aias lapsi sünnitanud, aga see valmistas talle minimaalset valu. Aadam ja Eeva olid elavad vaimud, kes ei vananenud. Seega nad elasid väga kaua aega ja paljunesid.

Paljud inimesed arvavad, et Aadam sõi hea ja kurja tundmise puust varsti pärast oma loomist. Mõned esitavad isegi järgmise küsimuse: „Kuna Piiblisse kirja pandud inimkonna ajalugu on vaid umbes 6000 aasta pikkune, kuidas me siis ikka leiame fossiile, mis on sadu tuhandeid aastaid vanad?"
Piiblisse kirja pandud inimkonna ajalugu algas ajast kui Aadam aeti pärast pattulangemist maa pealt välja. Sinna ei kuulu aeg, mil ta elas Eedeni ajas. Kui Aadam elas Eedeni aias, juhtus maa peal paljut nagu näiteks maakoore liikumine ja sellega seotud geograafilised muudatused, samuti erinevate elusolendite kasv ja väljasuremine. Mõned neist muutusid fossiilideks. Sel põhjusel võib leida fossiile, mida peetakse miljonite aastate vanusteks.

2) Aadam tegi pattu

Kui Jumal viis Aadama Eedeni aeda, keelas Ta ühe asja tegemise. Ta ütles, et Aadam ei sööks hea ja kurja tundmise puust. Aga kaua aega hiljem sõid Aadam ja Eeva lõpuks tollest puust. Nad aeti Eedeni aiast välja, maa peale ja sellest hetkest sai alguse inimese kasvatamine.

Kuidas Aadam jõudis patu tegemiseni? Oli olend, kes tahtis

Liha moodustumine

toda suurt meelevalda, mille Jumal Aadamale andis. See oli Lutsifer, kõigi kurjade vaimude ülem. Lutsifer arvas, et ta pidi Aadamalt meelevalla saama, et Jumala vastu minnes lahing võita. Ta tegi üksikasjaliku plaani ja kasutas kavalat madu. Nii nagu kirjutatakse 1. Moosese raamatus 3:1: „Aga madu oli kavalam kõigist loomadest väljal, kelle Isand Jumal oli teinud," madu tehti savist, milles olid riukalikud loomuomadused. Seetõttu valitses suurem võimalus, et madu aktsepteerib teistest loomadest rohkem riukalikku kurjust. Selle omadused olid kurjade vaimude stimuleeritud ja madu sai inimese kiusamise vahendiks.

Kurjad vaimud kiusavad alati inimest

Aadamal oli sel ajal nii suur meelevald, et ta valitses nii Eedeni aeda kui ka maad, seega maol ei olnud lihtne Aadamat otseselt ahvatleda. Sellepärast otsustas ta esiteks Eevat ahvatleda. Madu küsis ta käest kavalalt: „Kas Jumal on tõesti öelnud, et te ei tohi süüa mitte ühestki rohuaia puust?" (1. salm) Jumal ei andnud Eevale kunagi mingit käsku. Käsk anti Aadamale. Aga madu küsis, otsekui Jumal oleks tolle käsu otseselt Eevale andnud. Eeva vastus on kirja pandud. Ta ütles: „Ja naine vastas maole: „Me sööme küll rohuaia puude vilja, aga selle puu viljast, mis on keset aeda, on Jumal öelnud: Te ei tohi sellest süüa ega selle külge puutuda, et te ei sureks!"(1. Moosese raamat 3:2-3).

Jumal ütles: „...sest päeval, mil sa sellest sööd, pead sa surma surema" (1. Moosese raamat 2:17). Aga Eeva ütles: „et te ei sureks!" Te võite seda väga peeneks erinevuseks pidada, aga see tõendab, et ta ei pidanud Jumala Sõna õieti meeles. See väljendab ka, et ta ei uskunud täiesti Jumala Sõna. Kui madu nägi, et Eeva muutis Jumala Sõna, hakkas ta naist veelgi agressiivsemalt ahvatlema.

1. Moosese raamatus 3:4-5 öeldakse: „Ja madu ütles naisele: „Te ei sure, kindlasti mitte, aga Jumal teab, et päeval, mil te sellest sööte, lähevad teie silmad lahti ja te saate Jumala sarnaseks, tundes head ja kurja.'"

Kui saatan ässitas madu Eeva mõtetesse soovi istutama, näis hea ja kurja tundmise puu talle teistmoodi, sest kirjutatud on: „...puust oli hea süüa, ja see tegi ta silmadele himu, ja et puu oli ihaldusväärne, sest see pidi targaks tegema" (6. salm).

Eeva ei kavatsenud kunagi Jumala Sõna vastu minna, aga kui soov eostus, sõi ta lõpuks puust. Ta andis vilja ka oma abikaasale Aadamale ja temagi sõi seda.

Aadama ja Eeva vabandused

1. Moosese raamatus 3:11 küsis Jumal Aadamalt: „Või oled sa söönud puust, millest ma sind keelasin söömast?"

Jumal teadis kõiki olukordi, aga Ta tahtis, et Aadam tunnistaks oma eksimust ja parandaks meelt. Aga Aadam vastas:

"Naine, kelle Sa mulle kaasaks andsid, tema andis mulle puust ja ma sõin" (12. salm). Aadam vihjas, et kui Jumal poleks talle naist andnud, poleks ta niisugust asja teinud. Ta tahtis oma väära teo tunnistamise asemel hoopis olukorra tagajärgede eest põgeneda. Muidugi oli Eeva see, kes Aadamale söömiseks vilja andis. Aga Aadam oli naise pea, seega ta oleks pidanud juhtunu eest vastutuse oma kanda võtma.

Siis küsis Jumal naiselt 1. Moosese raamatus 3:13: „Miks sa seda tegid?" Isegi kui Aadam oleks pidanud vastutuse oma peale võtma, ei olnud Eeva tehtud patust vaba. Aga tema süüdistas hoopis madu ja ütles: „Madu pettis mind, ja ma sõin." Mis siis juhtus pattu teinud Aadama ja Eevaga?

Aadama vaim suri

1. Moosese raamatus 2:17 öeldakse: „...aga hea ja kurja tundmise puust sa ei tohi süüa, sest päeval, mil sa sellest sööd, pead sa surma surema!"

Siin ei ole Jumala mainitud „suremine" mitte füüsiline, vaid vaimne surm. Inimvaimu suremine ei tähenda, et vaim otsekui kaob täielikult ära. See tähendab, et Jumalaga osadus on katkenud ja ei toimi enam. Vaim on ikka olemas, aga see ei suuda meile enam Jumalalt pärit olevaid vaimseid asju anda. See olukord ei erine surnud olekust.

Kuna Aadama ja Eeva vaim suri, ei saanud Jumal neid

vaimusfääris olevas Eedeni aias edasi elada lasta. 1. Moosese raamatus 3:22-23 öeldakse: „Ja Isand Jumal ütles: „Vaata, inimene on saanud nagu üheks meie hulgast, tundes head ja kurja. Aga nüüd, et ta oma kätt ei sirutaks ega võtaks ka elupuust ega sööks ega elaks igavesti!" Siis saatis Isand Jumal tema Eedeni rohuaiast väljam et ta hariks maad, millest ta oli võetud."

Jumal ütles: „inimene on saanud nagu üheks meie hulgast" ja see ei tähenda, et Aadam sai tegelikult Jumala taoliseks. See tähendab, et Aadam teadis varem vaid tõde, aga nii nagu Jumal teab nii tõde kui vale, hakkas ka Aadam valet tundma. Selle tulemusel naasis kord elav vaim Aadam lihasse. Ta pidi surmaga silmitsi seisma. Ta pidi tulema tagasi maa peale, kus Jumal ta lõi. Lihalik inimene ei saa vaimses ruumis elada. Lisaks, kui Aadam oleks elupuust söönud, oleks ta igavesti elanud. Seega Jumal ei saanud lasta tal enam Eedeni aias olla.

3) Naasmine füüsilisse ruumi

Pärast seda kui Aadam oli Jumalale sõnakuulmatu ja sõi hea ja kurja tundmise puust, muutus kõik. Ta aeti aiast välja, maa peale, füüsilisse ruumi ja ta sai oma lõikuse vaid palge higis töötades. Ka kogu sealne oli needuse all ja Jumala loomingu aegset head keskkonda polnud enam.

1. Moosese raamatus 3:17 öeldakse: „Aga Aadamale Ta ütles:

„Et sa kuulasid oma naise sõna ja sõid puust, millest mina olin sind keelanud, öeldes, et sa ei tohi sellest süüa, siis olgu maapind neetud sinu üleastumise pärast! Vaevaga pead sa sellest sööma kogu eluaja!"

Sellest salmist võib näha, et Aadama patu tõttu ei langenud needuse alla vaid Aadama olemus, vaid kogu maapealne, nimelt kogu esimene taevas. Kõik maapealsed asjad olid ilusas harmoonias, aga tekkis uus füüsilise maailma kord. Needuse tõttu hakkasid eksisteerima bakterid ja viirused ja loomad ja taimed hakkasid samuti muutuma.

1. Moosese raamatus 3:18 ütles Jumal Aadamale lisaks: „Ta peab sulle kasvatama kibuvitsu ja ohakaid." Vili ei kasva kibuvitste ja ohakate tõttu hästi, seega Aadam võis maa viljast vaid palehigiga osa saada. Kuna maa oli neetud, hakkasid seal kasvama vajadusetud puud ja taimed. Samuti tekkisid kahjulikud putukad. Nüüd pidi Aadam maa harimiseks, et sellest head põllumaad saada, neist kahjulikest asjadest vabanema.

Südame harimise vajadus

Kuna Aadam pidi maad harima, oli inimene, kes pidi maa peal inimese kasvatamise etapi läbima, samasuguses olukorras. Enne patu tegemist oli inimesel vaid puhas ja veatu süda, kus olid vaid vaimsed teadmised. 1. Moosese raamatus 3:23 öeldakse: „Siis saatis Isand Jumal tema Eedeni rohuaiast välja, et ta hariks maad, millest ta oli võetud." Selles salmis samastatakse maapõrmust tehtud Aadamat maapõrmuga, millest ta oli võetud. See tähendab, et ta pidi nüüd oma südant harima. Enne ta patutegemist ei pidanud ta oma südant harima, sest ta südames polnud kurjust. Aga pärast sõnakuulmatust hakkasid vaenlane kurat ja saatan inimest valitsema. Nad istutasid inimese südamesse üha enam lihalikke asju. Nad istutasid vihkamist, viha, kõrkust, abielurikkumist jms. Kõik need asjad hakkasid kasvama südames olevate kibuvitsade ja ohakatega. Inimkond määrdus patu tõttu üha enam.

„Maapinna, millest me oleme võetud, harimine tähendab sea, et me peame Jeesuse Kristuse vastu võtma; meil tuleb südamesse istutatud lihast vabanemiseks kasutada Jumala Sõna ja me peame taastama oma vaimse olukorra. Vastasel korral on meil „surnud vaim" ja meil ei ole võimalik ja me ei saa surnud vaimuga igavest elu kogeda. Inimesi kasvatatakse maa peal, et nende lihalikus südames taastuks puhas vaimne süda. See on samasugune süda, mis oli Aadamal enne langust.

Aadama Eedeni aiast välja ajamine ja siinne maapealne elu erinesid märkimisväärselt. See tekitas suuremat vaeva ja segadust kui suure riigi prints peaks äkiliselt kehvikuks saades taluma. Samuti pidi Eeva nüüd palju suuremat valu lastesünnitamisel taluma.

Liha moodustumine

Eedeni aias elamise ajal ei olnud surma. Aga nüüd pidid nad surmaga silmitsi seisma, elades füüsilises maailmas, mis hävib ja kõduneb. 1. Moosese raamatus 3:19 öeldakse: „Oma palge higis pead sa leiba sööma, kuni sa jälle mullaks saad, sest sellest oled sa võetud! Tõesti, sa oled põrm ja pead jälle mullaks saama." Kirjutatu kohaselt pidid nad nüüd surema. Muidugi tuli Aadama vaim Jumalalt ja see ei saanud kunagi täiesti välja surra. 1. Moosese raamatus 2:7 öeldakse: „Ja Isand Jumal valmistas inimese, kes põrm oli, mullast, ja puhus tema ninasse eluhinguse: nõnda sai inimene elavaks hingeks." Eluhinguses on Jumala igavene iseloom. Aga Aadama vaim ei olnud enam aktiivne. Seega, hing võttis inimese valitseja rolli üle ja hakkas ka ihu üle valitsema. Sellest saadik hakkas Aadam vananema ja lõpuks suri füüsilise maailma korra kohaselt. Ta pidi maapõrmu naasma.

Sel ajal ei olnud patud ja kurjus enam nii levinud kui tänapäeval, kuigi maa oli neetud ja seega Aadam elas 930 aastat (1. Moosese raamat 5:5).

Aga aja jooksul muutusid inimesed üha kurjemaks. Selle tulemusel lühenes ka nende eluiga. Pärast seda kui Aadam ja Eeva tulid Eedeni aiast maa peale, pidid nad uue keskkonnaga kohanema. Nad pidid eelkõige elama lihast inimeste ja mitte elavate vaimudena. Nad väsisid pärast töötamist, seega nad vajasid puhkust. Nad jäid tõbiseks ja haigestusid. Menüü muudatusega muutus ka nende seedesüsteem. Nad pidid söögi järgselt sisikonda tühjendama. Kõik muutus. Aadama sõnakuulmatus ei olnud mingil moel vähese tähendusega. See tähendas, et kogu inimkonda sisenes patt. Aadam ja Eeva ja kõik nende maapealsed järglased hakkasid surnud vaimuga füüsilist elu elama.

3. peatükk
Inimesed füüsilises ruumis

Liha on patuga kombineeritud inimloomus
ja seega inimesed kalduvad füüsilises ruumis pattu tegema.
Aga inimese südametuumas asub
Jumalalt saadud eluseeme
ja selle eluseemne abil kasvatatakse inimest.

1. Eluseeme

2. Kuidas inimene hakkab eksisteerima

3. Südametunnistus

4. Liha teod

5. Kasvatamine

Aadamale ja Eevale sündis maa peal palju lapsi. Kuigi neil oli surnud vaim, ei jätnud Jumal neid. Ta õpetas neile asju, mis olid nende maapealse elu jaoks vajalikud. Aadam õpetas oma lastele seda tõde, seega nii Kain kui Aabel teadsid hästi, kuidas nad Jumalale ohvreid tooma pidid.

Aja jooksul tõi Kain Jumalale maaviljast ohvri, aga Aabel tõi Jumalale soovitud vereohvri. Kui Jumal võttis vaid Aabeli ohvri vastu, muutus Kain oma veast arusaamise ja meeleparanduse asemel Aabeli peale nii kadedaks, et ta tappis ta tegelikult ära.

Aja jooksul muutus patt üha lokkavamaks, kuni Noa ajal oli maa niivõrd täis inimeste vägivalda, et Jumal karistas lõpuks kogu maailma veega. Aga Jumal lasi Noal ja ta kolmel pojal täiesti uus sugu sigitada. Mis siis juhtus inimsooga, kes maa peale elama tuli?

1. Eluseeme

Pärast Aadama pattulangemist katkes tema ja Jumala vaheline suhtlus. Vaimuenergia immitses temast välja ja asemele tuli lihalik energia, mis kattis temas oleva eluseemne.

Jumal lõi Aadama maapõrmust. Heebrea keeles tähendab „Adamah" maapinda või maad. Jumal tegi inimese kuju savist ja hingas tema ninasõõrmetesse eluõhku. Jesaja raamatus öeldakse ka, et inimene „tehti savist."

Jesaja 64:7 kirjutatakse: „Nüüd aga, Isand, oled Sina meie Isa. Meie oleme savi ja Sina vormid meid, me kõik oleme Sinu kätetöö."

Varsti pärast koguduse rajamist näitas Jumal mulle nägemuse, kus Ta vormis Aadamat savist. Materjal, mida Jumal kasutas, oli veega segatud muld ehk savi. Siin tähistab vesi Jumala Sõna (Johannese 4:14). Mulla ja vee ühinemisel ja eluõhu neisse minekul, hakkas ringlema veri, mis on elu ja inimesest sai elusolend (3. Moosese raamat 17:14).

Eluõhk sisaldab Jumala väge. Kuna see tuleb Jumalalt, ei sure see iialgi välja. Piiblis ei öelda lihtsalt, et Aadamast sai inimene.

Seal öeldakse, et ta oli elav vaim. Ta oleks eluhingusega igavesti elada saanud, isegi kui ta tehti maapõrmust. Sellest me saame aru, mida tähendab Johannese 10:34-35, kus öeldakse: „Jeesus vastas neile: „Eks teie Seadusesse ole kirjutatud: Mina olen öelnud: Teie olete Jumalad!? Kui see nimetab jumalaiks neid, kelle kohta Jumala Sõna käis – ja Pühakirja ei saa teha tühjaks!–..."

Looduna ei saanud inimene füüsilist surma nägemata igavesti elada. Kuigi Aadama vaim oli sõnakuulmatuse tõttu surnud, oli selle sisimas Jumalalt saadud eluseeme. See on igavene ja selle abil võib igaüks uuesti jumalalapseks sündida.

Eluseeme antakse igaühele

Kui Jumal lõi Aadama, istutas Ta tema sisse kustutamatu eluseemne. Eluseeme on algne seeme, mille Jumal pani Aadama vaimu ja see moodustab tema vaimu põhiosa. See on vaimu läte, Jumalast mõtisklemise ja inimkohuse täitmise väeallikas.

Kuuendal raseduskuul annab Jumal embrüole vaimuga eluseemne. Selles eluseemnes peitus Jumala süda ja vägi, mis lasi inimestel Jumalaga suhelda. Suurem osa inimestest, kes ei tunnusta Jumala olemasolu, tunnevad ikkagi kas hirmu või ärevust surmajärgse elu peale mõteldes ja nad ei saa tegelikult oma südamepõhjas Jumalat salata, kuna nende südamesügavuses on eluseeme.

Püramiidides ja muudes säilmetes sisalduvad inimeste igavese elu mõisted ja lootused igavest puhkepaika leida. Isegi kõige vapramad mehed kardavad ikkagi surma, sest neis olev eluseeme tunnistab tulevast elu.

Jumal on igaühe sisse eluseemne andnud ja igaüks otsib oma loomuses Jumalat (Koguja 3:11). Eluseeme toimib inimese südamena ja on seega otseselt vaimse eluga seotud. Veri ringleb, et anda südametöö tõttu ihule hapnikku ja toitaineid. Sarnaselt, kui inimese sees aktiveeritakse eluseeme, muutub ka tema vaim energiarohkeks ja ta võib siis Jumalaga suhelda. Vastupidiselt, kui ta vaim on surnud, ei ole eluseeme aktiivne ja ta ei saa Jumalaga otse suhelda.

Eluseeme on vaimu kese

Aadam täitus Jumala õpetatud tõeteadmisega. Temas olev eluseeme oli täiesti aktiivne. Ta oli täis vaimset energiat. Ta sai nii targaks, et ta võis nimetada kõiki elusaid asju ja elada kogu loodu isandana, selle üle valitsedes. Aga pärast patu tegemist katkes tema osadus Jumalaga. Vaimne energia hakkas samuti temast välja imbuma. Vaimse energia asemele tuli ta südamesse lihalik energia ja see kattis ka eluseemne. Sellest ajast hakkas eluseeme järjest oma valgust kaotama ja muutus lõpuks täiesti passiivseks.

Nii nagu inimelu lõpeb pärast südametöö lõppemist, suri ka Aadama vaim kui eluseeme muutus passiivseks. Tema vaimu suremine tähendas, et ta eluseeme lakkas täielikult toimimast, seega seeme oli praktiliselt surnud. Seega, igaüks sünnib siia füüsilisse eruumi täiesti passiivse eluseemnega.

Inimesed ei ole Aadama langemisest saadik suutnud surma vältida. Igavese elu taas saamiseks oli vaja nende patuprobleem lahendada Valguse Jumala abiga. Nad pidid nimelt vastu võtma Jeesuse Kristuse ja saama pattudele andeksandmise. Jeesus suri meie vaimu elustamiseks ristil, kandes kogu inimsoo patud. Tema sai teeks, tõeks ja eluks, mille kaudu iga inimene võib saada igavese elu. Kui me võtame selle Jeesuse oma Päästjaks, andestatakse meile meie patud ja me saame Püha Vaimu vastu võttes jumalalasteks.

Püha Vaim aktiveerib meis oleva eluseemne. See elustab meie sees oleva surnud vaimu. Sellest hetkest peale hakkab oma valguse kaotanud eluseeme taas särama. Muidugi ei saa see särada täiel määral, nii nagu Aadama puhul, aga valguse intensiivsus muutub tugevamaks inimese usumõõdu suurenemise ja tema vaimu kasvamise ja täiskasvanuks saamisega.

Mida rohkem eluseeme on Püha Vaimu täis, seda tugevamat valgust sealt tuleb ja seda tugevam on vaimse ihu valgus. Inimene võib taastada Jumala kadumaläinud kuju ja saada Jumala tõeliseks lapseks võrdeliselt sellega, mil määral ta olemus täitub tõetunnetusega.

Füüsiline eluseeme

Vaimu tuumaks olevale vaimsele eluseemnele lisaks on olemas füüsiline eluseeme. See tähistab spermat ja munarakku. Jumal tegi inimese kasvatamise plaani, et saada tõelisi lapsi, kellega Ta võiks oma tõelist armastust jagada. Selle plaani teostamiseks andis Ta inimestele eluseemne, et nad võiksid paljuneda ja maa täita. Vaimne ruum, kus Jumal asub, on piirideta ja seal üksinda viibimine oleks väga üksildane ja troostitu. Sellepärast lõi Jumal Aadama elavaks vaimuks ja lasi tal sugupõlvede jooksul paljuneda, et Jumal võiks palju lapsi saada.

Jumal tahab niisuguseid lapsi, kelle surnud vaim on elustatud ja kes suudavad Jumalaga suhelda ja Temaga taevariigis igavest armastust jagada. Niisuguste tõeliste laste saamiseks annab

Jumal igaühele selle eluseeme ja on inimest juba Aadama ajast kasvatanud. Taavet mõistis seda Jumala armastust ja plaani ja ütles: „Ma tänan Sind, et olen nii kardetavalt imeliselt loodud. Imelised on Sinu teod, seda tunneb mu hing hästi" (Laul 139:14).

2. Kuidas inimene hakkab eksisteerima

Inimolendit ei saa teisest inimolendist kloonida. Isegi kui inimese välimust jäljendada, ei ole tegu inimolendiga, sest tal puudub vaim. Kloonitud olend ei erineks palju loomast.

Uus elu eostatakse kui inimese sperma ja naise munarakk ühinevad. Inimkuju täielikuks arenguks jääb loode üheksaks kuuks üska. Me võime tajuda Jumala saladuslikku väge kui me mõtleme kasvuprotsessi peale eostumisest kuni täie raseduse lõpuni.

Esimesel kuul hakkab arenema närvisüsteem. Peamine töö saab tehtud, seega võivad moodustuda veri, luud, lihased, sooned ja siseelundid. Teisel kuul hakkab süda lööma ja loode hakkab väliselt inimest meenutama. Sel ajal võib ära tunda pead ja jäsemeid. Kolmandal kuul moodustub nägu. Loode suudab liigutada oma pead, ihu ja jäsemeid ja samuti hakkavad arenema suguorganid.

Neljandal kuul valmib platsenta, seega toitainete varu suureneb ja loote pikkus ja kaal kasvavad kiiresti. Kõik ihu ja elutegevust alalhoidvad elundid toimivad tavapäraselt. Lihased arenevad viiendal kuul ja samuti areneb kuulmisvõime ja loode suudab helisid kuulda. Kuuendal kuul arenevad seedeelundid, seega kasv muutub üha kiiremaks. Seitsmendal kuul hakkab pähe karv kasvama ja kopsude arenedes hakkab loode hingama.

Suguelundid ja kuulmisvõime muutuvad täiuslikuks kaheksandal kuul. Loode võib isegi välisele helile reageerida. Üheksandal kuul muutub juuksekasv tihedamaks, ihu katnud udemed kaovad ja jäsemed muutuvad lihavamaks. Pärast täit üheksat kuud sünnib imik, kes on keskmiselt umbes 50cm pikkune ja kaalub 3,2 kg.

Loode on Jumalale kuuluv elu

Tänapäeva teadusliku arengu juures on inimestel elusate asjade kloonimise vastu suur huvi. Aga nii nagu varem mainitud, hoolimata sellest, kuivõrd teadus ka ei areneks, inimesi ei saa kloonida. Isegi kui inimesetaolise välimusega olendeid suudetaks kloonida, pole neis vaimu. Ilma vaimuta ei erine nad loomadest.

Inimese kasvuprotsessis, erinevalt kõikidest teistest loomadest, on ajahetk, mil inimesele antakse vaim. Kuuendal raseduskuul on lootel eri elundid, nägu ja jäsemed. Lootest saab vaimu eneseshoidmise jaoks piisav astjas. Sel hetkel annab Jumal inimesele vaimuga eluseemne. Piiblisse on kirjutatud koht, mille alusel seda võib järeldada. Seal kirjutatakse, kuidas kuuekuine loode üsas reageeris.

Luuka 1:41-44 kirjutatakse: „Ja sündis, kui Eliisabet kuulis Maarja tervitust, et laps hüppas ta ihus. Ja Eliisabet sai täis Püha Vaimu ja hüüdis suure häälega: „Õnnistatud oled sina naiste seas ja õnnistatud on sinu ihu vili! Miks saab mulle osaks, et mu Isanda ema tuleb minu juurde? Sest vaata, kui su tervituse hääl mu kõrvu kostis, hüppas lapsuke mu ihus rõõmu pärast."

See sündis kui Jeesus oli neitsi Maarja üsas eostatud saanud ja Maarja läks kuus kuud tagasi Ristija Johannese eostanud Eliisabetile külla. Ristija Johannes hüppas emaüsas kui neitsi Maarja sinna tuli. Ta tundis ära Maarja üsas oleva Jeesuse ja sai täis Vaimu. Loode ei ole lihtsalt elu, aga ka vaimolend, kes võib kuuendast raseduskuust saada täis Püha Vaimu. Inimolend on eostamise hetkest Jumalale kuuluv elu. Ainult Jumal on elu ainuvalitseja. Seega ei tohiks last soovi ega ka vajaduse korral abortida ka siis kui lootel ei ole veel vaimu.

Üheksakuine periood, mille ajal loode üsas kasvab, on väga tähtis. Loode saab emalt kõik eluks vajaliku, seega ema peab tasakaalustatult toituma. Ka ema tunded ja mõtlemine mõjutavad loote iseloomu, isiksust ja intelligentsust. Sama kehtib vaimu puhul. Jumalariiki teenivate ja usinalt palvetavate emade imikud sünnivad tavaliselt leebe iseloomuga ja kasvavad targaks ja on terved.

Üksnes Jumal on elu ainuvalitseja, aga Ta ei sekku inimese eostamisse, sündi ja kasvuprotsessi. Sisim loomus otsustatakse vanemate sperma ja munaraku eluenergiaga. Muud iseloomuomadused omandatakse ja nad arenevad vastavalt keskkonnale ja muudele mõjudele.

Jumala spetsiaalne sekkumine

Esineb mõningaid juhtumeid, kus Jumal sekkub inimese eostamisse ja sündi. Esiteks, kui vanemad on Jumalale oma usu poolest meelepärased ja palvetavad südamest. Hanna, Kohtumõistjate ajal elanud naine, elas valus ja piinas, kuna ta ei saanud last ja ta tuli Jumala juurde ja palvetas kogu südamest. Ta lubas, et kui Jumal annab talle poja, annab ta poja Jumalale.

Jumal kuulis ta palvet ja õnnistas teda, lastes tal eostada poja.

Liha moodustumine

Ta tõi lubatu kohaselt oma poja Saamueli preestri juurde kohe pärast ta võõrutamist ja andis ta jumalasulaseks. Saamuel suhtles lapsest peale Jumalaga ja hiljem sai temast võimas Iisraeli prohvet. Kuna Hanna pidas oma lubadust, õnnistas Jumal teda ja ta sai veel kolm poega ja kaks tütart (1. Saamueli raamat 2:21).

Teiseks, Jumal sekkub nende ellu, kes on Jumala ettehoolde läbi Talle eraldatud. Sellest aru saamiseks tuleb meil mõista erinevust „valitud olemise" ja „eraldatud olemise" vahel. Jumal valib, millal kehtestada teatud raame ja valib valimatult igaühe, kes neisse raamidesse sattub. Näiteks, Jumal kehtestas pääsemise ja päästab igaühe, kes selle raamesse sattub. Seega kutsutakse neid, kes pääsevad Jeesust Kristust vastu võttes ja Jumala Sõna alusel elades, „äravalituteks."

Mõned saavad valesti aru, otsekui oleks Jumal juba ette ära otsustanud, kes pääsevad ja kes mitte. Nad ütlevad, et kui kord Isand vastu võtta, toimib Jumal niimoodi, et te pääsete ka siis kui te Jumala Sõna alusel ei ela. Aga see on eksiarvamus.

Igaüks, kes tuleb oma vaba tahtega usule ja pääsemise raamidesse, saab päästetud. See tähendab, et Jumal on nad kõik „valinud." Aga need, kes ei tule pääsemise raamidesse või need, kes kord tulid selle piiresse, aga lahkusid siis, sõbrunedes maailmaga ja tehes teadlikult ja tahtlikult pattu, ei pääse kui nad oma teedelt ei pöördu.

Mida tähendab siis „eraldatud olemine"? See tähendab, et Jumal, kes teab kõike ja plaanib kõik enne ajastute algust, valib kindla isiku ja valitseb kogu ta elus juhtuvat. Näiteks Jumal eraldas nii Aabrahami, kogu Iisraeli rahva esiisa Jaakobi kui ka väljarände juhi Moosese, et nad täidaksid Jumala ettehoolde raames Tema eriülesandeid.

Jumal teab kõike. Inimese kasvatamise ettehoolde raames teab Ta, missugused isikud peaksid teatud inimajaloo ajahetkel sündima. Ta valib oma plaanide teostamiseks teatud isikud ja laseb neil suuri ülesandeid täita. Jumal sekkub niimoodi eraldatute ellu igal nende eluhetkel, alates nende sündimisest.

Roomlastele 1:1 öeldakse: „Paulus, Kristuse Jeesuse sulane, kutsutud apostel, välja valitud kuulutama Jumala evangeeliumi." Öeldu kohaselt eraldati apostel Paulus paganate apostliks, et evangeeliumi kuulutada. Kuna tal oli vapper muutumatu süda, eraldati ta kirjeldamatult suurest kannatustest läbimineku jaoks. Talle anti ka ülesanne ja ta oli vastutav enamiku Uue Testamendi raamatute kirjapaneku eest. Seega, Jumal lasi tal niisuguse ülesande täitmiseks õppida Jumala Sõna põhjalikult varasest lapseeast saadik ühe tolle aja parima õpetlase, Gamaalieli, käest. Jumal eraldas ka Ristija Johannese. Jumal sekkus tema eostamisse ja lasi tal lapsepõlvest saadik teistsugust elu elada. Ta elas kõrbes üksinda ja ta ei puutunud maailmaga kokku. Ta riided olid kaamelikarvadest ja ta vöö ümber nahkvöö ning ta toitus rohutirtsudest ja metsmeest. Niimoodi valmistas ta Jeesuse tulekuks teed.

Moosesega oli samamoodi. Jumal sekkus Moosese sündimisest saadik. Ta visati korvis jõkke, aga vaarao tütar leidis ta ja temast sai prints. Aga teda kasvatas ikkagi tema ema, et ta võiks teada saada Jumala ja oma rahva kohta. Egiptuse printsina sai ta teada ka kõiki maailma tarkusi. Eelnevate selgituste kohaselt, eraldamine sünnib siis kui Jumal valitseb oma ainuvõimuga teatud isiku elu, teades, missugune isik inimajaloo teatud hetkel sünnib.

3. Südametunnistus

See, et inimene otsiks Looja Jumalat ja kohtuks Temaga, et inimeses taastuks Jumala kuju ja ta saaks väärtuslikuks olendiks, sõltub suurel määral ta südametunnistusest.

Vanemate spermas ja munarakkudes on eluenergia, mis pärandatakse lastele. Sama kehtib südametunnistuse puhul. Südametunnistus on hea ja kurja vahel vahet tegemise etalon. Kui vanemad elasid head elu ja nende südamemaa oli hea, sünnivad nende lapsed tõenäolisemalt hea südametunnistusega. Seega on südametunnistuse peamine otsustustegur vanematelt päritud eluenergia.

Aga isegi siis kui lapsed sünnivad vanemate hea eluenergiaga, kui nad kasvavad ebasoodsas keskkonnas ja näevad ning kuulevad palju kurja ja kurjus istutatakse ka nende sisse, on nende südametunnistus tõenäoliselt kurjast määrdunud. Vastupidiselt, need, kes kasvasid soodsas keskkonnas ja nägid ning kuulsid häid asju, on tõenäoliselt suhteliselt hea südametunnistusega.

Südametunnistuse moodustumine

Erinev südametunnistus moodustub vastavalt vanematele, kellest laps sünnib, lapse kasvukeskkonnale, asjadele, mida laps näeb, kuuleb ja õpib ja milliseid jõupingutusi ta teeb hästi tegutsemise jaoks. Seega, headest vanematest sündinud ja heas keskkonnas kasvanud lapsed ja need, kes end valitsevad, taotlevad tavaliselt oma südametunnistust järgides headust. Neil on lihtne evangeeliumit aktsepteerida ja tõe kohaselt muutuda.

Tavaliselt võivad inimesed arvata, et südametunnistus on meie südame hea osa, aga Jumala silmis see pole nii. Mõnel inimesel on hea südametunnistus ja seega tugevam kalduvus järgida headust, aga teistel on kuri südametunnistus ja nad taotlevad tõe asemel omakasu.

Mõni tunneb südametunnistuse piina kui ta võtab midagi vähest teisele kuuluvat, aga teised arvavad, et see pole vargus ja ei ole seega kuri. Inimestel on erinevad hea ja kurja vahel vahet tegemise standardid, mis vastavad nende kasvukeskkonnale ja õpitule.

Inimesed teevad oma südametunnistuse alusel hea ja kurja vahel vahet. Aga inimeste südametunnistused erinevad. On palju erinevusi, vastavalt eri kultuuridele ja aladele ja need ei saa iialgi hea ja kurja vahel vahet tegemise absoluutseks standardiks olla. Absoluutne standard leidub vaid Jumala Sõnas, mis on tõde ise.

Südame ja südametunnistuse erinevus

Roomlastele 7:21-24 öeldakse: Niisiis, tahtes teha head, leian seaduse, et mul on kalduvus teha kurja. Sisemise inimese poolest ma rõõmustan Jumala Seaduse üle, oma liikmetes näen aga teist seadust, mis sõdib vastu minu mõistuse seadusele ja aheldab mind patu seadusega, mis on mu liikmetes. Oh mind õnnetut inimest! Kes ostab mu lahti sellest surma ihust?"

Sellest salmist võib aru saada, millest koosneb inimsüda. Selle salmi „sisim inimene" on tõesüda, mida võib kutsuda „valgeks südameks", mis püüab Püha Vaimu juhatust järgida. Selles sisemises inimeses on eluseeme. Samuti on olemas „patu käsk", mis on ebatõest koosnev „must süda." On olemas ka „minu mõtlemise käsk." See on südametunnistus. Südametunnistus on väärtushinnangu standard, mis on inimesel kujunenud. See on „valge" ja „musta" südame segu. Südametunnistusest aru saamiseks tuleb meil esiteks südant mõista.

Sõnastikes on palju „südame" sõnamääratlusi. See on „emotsionaalne või moraalne, erinevalt intellektuaalsest loomusest" või „inimese sisim iseloom, tunded või kalduvused." Aga südamel on teistsugune vaimne tähendus.

Kui Jumal lõi esimese inimese Aadama, andis Ta talle vaimuga eluseemne. Aadam oli nagu tühi astjas ja Jumal pani temasse vaimse teadmise, nagu näiteks armastuse, headuse ja tõe. Kuna Aadamale õpetati vaid tõde, koosnes tema eluseeme tema vaimust, ühes seal sisalduvate teadmistega. Kuna ta oli üksnes tõde täis, polnud vaja vaimu ja südame vahel vahet teha. Kuna ebatõde puudus, polnud südametunnistuse taoline sõna vajalik.

Aga pärast Aadama pattulangemist polnud ta vaim enam sama, mis tema süda. Kuna tema osadus Jumalaga katkes, hakkas tema südant täitnud tõde ehk vaimne teadmine välja imbuma ja selle asemel võttis tema südames aset ebatõde – vihkamine, kadedus ja kõrkus ja kattis eluseemne. Enne seda kui Aadamasse tuli ebatõde, polnud vaja kasutada sõna „süda." Tema süda oli vaimuga sama. Aga pärast seda kui südamesse tulid pattude tõttu ebatõed, suri ta vaim ja sellest ajast saadik hakati kasutama sõna „süda."

Aadama languse järgne inimsüda jõudis staadiumisse, kus „ebatõde kattis tõe asemel eluseemne", mis tähendab „hing kattis vaimu asemel eluseemne". Lihtsalt öeldes, tõesüda on valge ja ebatõene süda on must. Kõigi Aadama langemise järgselt sündinud järeltulijate süda koosneb tõe südamest ja ebatõe omast ja südametunnistusest, kus põimuvad tõde ja ebatõde.

Loomus on südametunnistuse alus

Inimsüdame esialgset loomust peetakse „inimloomuseks." Inimloomus ei moodustu täiesti, vaid pärilikkuse teel. See muutub samuti, vastavalt sellele, milliseid asju keegi oma kasvu ajal aktsepteerib. Nii nagu mulla omadused muutuvad vastavalt sinna lisatud komponentidele, võib ka inimloomus muutuda vastavalt nähtule, kuuldule ja tunnetega kogetule.

Kõik Aadama maa peal sündinud järglased pärivad vanemate eluenergia kaudu iseloomu, kus segunevad tõde ja ebatõde. Teisalt, isegi kui nad sündisid hea iseloomuga, muutub see kurjaks kui nad aktsepteerivad kurje asju ebasoodsates oludes. Taas, kui neile õpetatakse häid asju heas keskkonnas, istutatakse neisse suhteliselt vähem kurja. Igaühe loomus võib muutuda kui sellele lisada omandatud ebatõde ja tõde.

Südametunnistust on lihtne mõista kui me esiteks mõistame inimloomust, sest südametunnistus on inimloomuse baasilt toimiv otsustusstandard. Te aktsepteerite oma sisimas olemuses omandatud tõe ja ebatõe kohta käivad teadmised ja selle alusel moodustub otsustusstandard. See on südametunnistus. Seega koosneb südametunnistus tõesüdamest, inimloomuses olevast kurjast ja eneseõigusest.

Aja möödudes täitub maailm üha enam pattude ja kurjaga ja inimeste südametunnistus muutub üha kurjemaks. Nad pärivad vanematelt üha kurjema loomuse ja sellele lisaks aktsepteerivad nad elus rohkem ebatõdesid. See protsess jätkub sugupõlvede jooksul. Kuna nende südametunnistus muutub üha kurjemaks ja tuimemaks, on neil raskem evangeeliumi aktsepteerida. Selle aseme on neil lihtsam saatana tegusid vastu võtta ja pattu teha.

4. Liha teod

Kui inimene patustab, tuleb see talle vaimumaailma seaduse kohaselt kindlasti tagasi. Jumal talub toda teatud aja, andes sellele inimesele meeleparanduse ja patust pöördumise võimalusi, aga kui ta läheb üle piiri, tabavad teda läbikatsumised ja katsumused või erinevad õnnetused.

Igaüks on sündinud patuloomusega, sest esimese inimese Aadama patuloomus pärandati vanemate eluenergia kaudu ta lastele. Vahel võib näha isegi väikelapsi oma viha ja nördimust väljendamas, näiteks rohke nutuga. Vahel kui näljasele nutvale lapsele süüa mitte anda, nutab ta nii palju, et näib, et ta ei suuda enam hingata. Hiljem keeldub ta söömast, sest ta on nii vihane. Isegi imikute korral ilmneb taoline käitumine, sest nad pärivad vanematelt keevalise iseloomu, vihkamise või kadeduse, kuna iga inimese südames on patuloomus, mis on pärispatt.

Samuti teevad inimesed kasvuprotsessis patte. Nii nagu magnetid tõmbavad metalli ligi, samamoodi jätkavad füüsilises ruumis elavad inimesed ebatõe aktsepteerimist ja patutegemist. Neid „ise tehtud" patte saab liigitada südamepattudeks ja pattudeks tegudes. Erinevad patud on erineva suurusega ja patutegude üle mõistetakse kindlasti kohut (1. Korintlastele 5:10). Patutegusid nimetatakse „liha tegudeks."

Liha ja liha teod

1. Moosese raamatus 6:3 öeldakse: „Aga Isand ütles: „Minu Vaim ei pea igavesti jääma inimesse, sest ta on ikkagi ainult liha. Olgu ta elupäevi sada kakskümmend aastat!" Siin ei tähista „liha" vaid füüsilist ihu, aga tähendab, et inimesest sai lihalik olend, kes oli pattudest ja kurjusest määrdunud. Niisugune lihalik inimene ei saa Jumalaga igavesti olla ja seega ta ei pääse. Pärast Aadama Eedeni aiast väljaajamist ja maa peal elama hakkamist ei kulunud palju sugupõlvi kui ta järglased hakkasid väga kiiresti liha tegusid tegema.

Jumal lasi tolle aja õiglasel inimesel Noal valmistada laeva ja hoiatada inimesi, et nad oma pattudest pöörduksid. Aga keegi peale Noa perekonna ei soovinud laeva minna. Vaimse seaduse kohaselt, mis ütleb, et „patu palk on surm" (Roomlastele 6:23) hävisid Noa-aegses uputuses kõik.

Aga missugune on „liha" vaimne tähendus? See tähistab

"tehtud tegude kaudu ilmsiks saavate ebatõe loomuomadusi inimsüdames". Teiste sõnadega – kadedus, keevalisus, vihkamine, ahnus, abielurikkuja meel, kõrkus ja kõik muud sisemised ebatõed inimestes ilmnevad vägivalla, ropu kõne, abielurikkumise ja tapmise kaudu. Kõiki niisuguseid tegusid kutsutakse ühiselt "lihaks" ja iga taoline tegu on liha tegu.

Ent tegudes mitte ilmnenud patte, mida tehakse vaid meeles ja mõtetes, kutsutakse "lihalikeks". Lihalikkus võib ühel päeval liha tegude näol esile tulla, kuniks seda pole südamest välja visatud. Lihalikkust käsitletakse üksikasjalikumalt 2. osas "Hinge moodustumine".

Kui liha puudutav ilmneb lihalikes tegudes, on tegu ebaõigluse ja seadusetusega. Kui meie südames on patuloomus, ei peeta seda ebaõigluseks, aga kui see tegudesse rakendub, saab sellest ebaõiglus. Kui me ei vabane lihalikkusest ja liha tegudest, vaid jätkame nende tegemist, ehitab see Jumala ja meie vahele patumüüri. Siis süüdistab meid saatan ja toob meie ellu läbikatsumisi ja katsumusi. Me võime sattuda õnnetustesse, sest Jumal ei saa meid kaitsta. Kui me pole Jumala kaitsealused, ei tea me, mida homne tuua võib. Sel põhjusel ei saa me ka palvevastuseid.

Ilmsed liha teod

Kui maailmas on ülekaalus kurjus, kuuluvad kõige ilmselgemate pattude sekka ebamoraalsus ja sensuaalsus. Soodom ja Gomorra olid täis sensuaalsust ja hävisid väävlis ja tules. Kui vaadata Pompei linna rususid, võib neist aru saada kui abielurikkuja ja moraalselt laostunud ühiskond oli. Galaatlastele 5:19-21 kirjeldatakse ilmseid liha tegusid:

Lihaliku loomuse teod on ilmsed, need on: hoorus, rüvedus, kõlvatus, ebajumalateenistus, nõidus, vaen, riid, kiivus, raevutsemine, isemeelsus, lõhed, lahknemised, kadetsemine, purjutamised, prassimised ja muu sarnane, mille eest ma teid hoiatan, nagu ma varemgi olen hoiatanud, et need, kes midagi niisugust teevad, ei päri Jumala riiki.

Niisugused lihalikud teod on ka tänapäeval maailmas levinud. Tooksin siin mõned niisuguste lihalike tegude näited.

Esiteks, seksuaalne amoraalsus. Seksuaalne amoraalsus võib olla kas füüsiline või vaimne. Füüsiliselt tähistab see abielurikkumist või hooramist. Isegi kihlatud ei või siin erandiks olla. Tänapäeva romaanid, filmid või seebiooperid kujutavad hooramist ilusa armastusena, seega nad muudavad inimesed patu

Liha moodustumine

suhtes tundetuks ja nende eristusvõime ähmastub. On ka palju nilbeid materjale, mis ergutavad hooramist.

Aga usklike jaoks on olemas ka vaimne ebamoraalsus. Kui minna ennustaja juurde, omada amuletti või talismani või teha nõidust, on tegu vaimse abielurikkumisega (1. Korintlastele 10:21). Kui kristlased ei toetu Jumalale, kes valitseb elu, surma, õnnistust ja needust, vaid ebajumalatele ja deemonitele, on tegu vaimse abielurikkumisega, mis võrdub Jumala reetmisega.

Teiseks, ebapuhtus tähendab himu järgimist ja paljude ebaõigete asjade tegemist ja kui inimelu on tulvil abielurikkumist täis sõnu ja tegusid. See jääb tavalisest seksuaalsest ebamoraalsusest kaugemale ja sisaldab näiteks loomadega paaritumist, grupiseksi ja homoseksuaalsust (3. Moosese raamat 18:22-30). Mida valdavamad on patud, seda tundetumaks muutuvad inimesed abielurikkumist puudutava suhtes.

Need asjad tähendavad sõnakuulmatust ja Jumala vastu minekut (Roomlastele 1:26-27). Need on pääsemisest ilma jätvad asjad (1. Korintlastele 6:9-10), mis on Jumala silmis jäledad (5. Moosese raamat 13:18). Seksuaalse orientatsiooni muudatuse lõikused või samuti meestel naisteriietuse ja naistel meesteriietuse kandmine on Jumala ees jäle (5. Moosese raamat

22:5).

Kolmandaks, ebajumalakummardamine on samuti Jumala silmis vastik. On olemas nii füüsiline kui vaimne ebajumalakummardamine.

Füüsiline ebajumalakummardamine tähendab puust, kivist või metallist tehtud kujude teenimist ja kummardamist Looja Jumala otsimise asemel (2. Moosese raamat 20:4-5). Tõsine ebajumalakummardamine võib põhjustada needuse edasikandumise kolme-nelja sugupõlve jooksul. Kui vaadata perekondi, kus ebajumalaid väga palju kummardatakse, toovad vaenlane kurat ja saatan nende ellu pidevaid läbikatsumisi ja katsumusi, nii et neis peredes ei lakka probleemide olemasolu. Eriti on siis paljud pereliikmed deemonitest seestunud, vaimsete hälvete või alkoholismi küüsis. Neisse peredesse sündinuid segavad vaenlane kurat ja saatan ka siis kui nad Isanda vastu võtavad ja neil on raske usuelu elada.

Vaimse ebajumalakummardamisega on tegu siis kui Jumala uskuja armastab midagi Jumalast enam. Kui hingamispäeva pidamise asemel kinno minna või vaadata seebioopereid, spordivõistlusi või tegeleda muude hobidega või kui jätta oma usukohustused poiss- või tüdruksõbra tõttu, on tegu vaimse ebajumalakummardamisega. Vastasel juhul on ebajumalaga tegu kui armastada midagi – kas pere, lapsi, maailmalikku meelelahutust, luksuskaupu, võimu, kuulsust, ahnust või teadmisi – rohkem kui Jumalat.

Neljandaks, nõidus on kurjade vaimude abil või valitsuse all olles saadud väe kasutamine, eriti ennustamiseks.

Pole õige minna ennustajate juurde, öeldes, et te usute Jumalat. Isegi uskmatute elus juhtuvad suured õnnetused kui nad tegelevad nõidusega, sest nõidusega kaasnevad kurjad vaimud.

Näiteks kui te tegelete mingisuguse nõidusega, et probleemid lakkaksid, muutuvad need probleemid lakkamise asemel hoopis hullemaks. Pärast nõidust näivad kurjad vaimud mõnda aega vaikselt olevat, aga varsti hakkavad nad tekitama suuremaid probleeme, et neid rohkem kummardataks. Vahel paistavad nad rääkivat tulevastest asjadest, aga kurjad vaimud ei tea tulevikku. Nad on lihtsalt vaimsed olendid ja tunnevad lihalike inimeste südant, seega nad petavad inimesi uskuma, et neile räägitakse tuleviku kohta, et inimesed neid kummardaksid. Nõidusega võib olla tegu ka siis kui teiste petmiseks plaane teha ja seega me peaksime ka nende suhtes ettevaatlik olema. Kui lasta kedagi mingit plaani kasutades auku kukkuda, on tegu ilmselge liha teoga ja see hävitab hoopis teid.

Viiendaks, vaen on positiivne, aktiivne ja tüüpiliselt vastastikune vihkamine või vimmatunne. Siis tahetakse teiste hävingut ja tehakse see tegelikult teoks. Vaenulikud inimesed vihkavad teisi kurjade tunnetega vaid seetõttu, kuna neile ei meeldi teine inimene. Kui niisugune vihkamine muutub liiga suureks, võivad nad enesevalitsuse kaotada või hakata teisi laimama või nende vastu intriige punuma.

Kuuendaks, vaen on kibestunud ja vahel vägivaldne konflikt või lahkheli. See tekitab koguduses eri rühmitusi vaid seetõttu, et teistel on eriarvamus. Inimesed räägivad teistest halba, mõistavad nende üle kohut ja taunivad teisi. Siis lahkneb kogudus paljudeks rühmitusteks.

Seitsmendaks, lõhenedes jagunevad inimesed rühmadeks, järgides oma mõtteid. Isegi perekonnad lahknevad ja koguduses võib esineda samuti erinevaid lõhesid. Taaveti poeg Absalom reetis ja lõi oma isast lahku, oma soove järgides. Ta mässas, et tema isa ei saaks kuningaks. Jumal hülgab niisuguse inimese. Absalom suri lõpuks armetult.

Kaheksandaks on kildkonnad. Kildkondade esinemise korral

võivad need eksiõpetusega lõppeda. 2. Peetruse 2:1 öeldakse: „Aga rahva seas oli ka valeprohveteid, nõnda nagu teiegi sekka tuleb valeõpetajaid, kes vargsi toovad sisse hukutavaid eksiõpetusi ja salgavad ära Isanda, kes on nad vabaks ostnud. Nad tõmbavad iseeneste peale äkilise hukatuse." Eksiõpetus on Jeesuse Kristuse salgamine (1. Johannese 2:22-23; 4:2-3). Nad ütlevad, et nad usuvad Jumalat, aga salgavad Kolmainu Jumalat või Jeesust Kristust, kes meid oma verega ostis ja toovad seega kiire hukatuse endi üle. Piiblis räägitakse selgelt, et eksiõpetuses olijad salgavad Jeesuse Kristuse ja seega me ei tohiks hoolimatult kohut mõista nende üle, kes võtavad vastu Kolmainu Jumala ja Jeesuse Kristuse.

Üheksas, kadedust tuntakse siis kui armukadedusest saab tõsine tegu. Kadedus tähendab ebamugavustunnet ja minaolemusest eemaldumist ning teiste vihkamist, kui nad meist paremad näivad olevat. Kui niisugune kadedus tekkib, võivad sellega kaasneda paljud teistele kahjulikud teod. Saul tundis kadedust oma rahvusest mehe Taaveti vastu, sest inimesed armastasid Taavetit temast rohkem. Ta kasutas Taaveti tapmiseks isegi oma sõjaväge ja hävitas Taavetit varjanud preestrid ja linnaelanikud.

Kümnes on joomine. Noa tegi vea, pärast veeuputust veini

juures ja see tõi kaasa määratu tulemuse. Ta needis oma teist poega Haami, kes ta eksimuse paljastas.

Efeslastele 5:18 öeldakse: „Ja ärge joovastuge veinist, millest tuleb liiderlikkus, vaid saage täis Vaimu." Mõned ütlevad, et klaasike ei tee midagi. Aga see on ikkagi patt, sest olgu tegu klaasi või kahega, te joote alkoholi, et purju jääda. Pealegi teevad purjus inimesed palju patte, kuna nad ei suuda end valitseda.

Piiblis mainitakse veinijoomist, sest Iisraelis on veenappus ja seega Jumal lasi neil vee asemel juua veini, mis on puhas viinamarjamahl või alkohoolne jook, mis tehti suhkrusisalduseta puuviljadest (5. Moosese raamat 14:26). Aga tegelikult ei lubanud Jumal inimestel alkoholi juua (3. Moosese raamat 10:9; 4. Moosese raamat 6:3; Õpetussõnad 23:31; Jeremija 35:6; Taaniel 1:8; Luuka 1:15; Roomlastele 14:21). Jumal lubas vaid piiratud koguses veinijoomist väga erilisel juhul. Aga isegi kui tegu oli vaid puuviljamahlaga, joobusid inimesed ikka kui nad palju jõid. Sel põhjusel jõi Iisraeli rahvas vee asemel veini ja nad ei joonud, et purju jääda ja sellest naudingut tunda.

Viimaseks, priiskamine tähendab alkoholi joomist, naisi, hasartmänge ja muid iharaid, kontrollile allumatuid asju. Niisugused inimesed ei saa oma kohust inimolendina täita. Kui teil puudub enesevalitsus, on ka see mingis mõttes priiskamine. Kui te elate äärmiselt nilbelt või liiderlikult, oma suva kohaselt, on ka see priiskamine. Kui te elate niimoodi pärast Isanda vastuvõtmist, ei saa te oma südant Jumalale anda ega pattudest vabaneda ja seega ei saa te jumalariiki pärida.

Jumalariigi pärimise võimetuse tähendus

Siiani vaatlesime me ilmseid liha tegusid. Missugusel peamisel põhjusel siis inimesed teevad niisuguseid liha tegusid? Kas tollepärast, et nad ei taha Looja Jumalat oma südamesse. Seda kirjeldatakse Roomlastele 1:28-32: „Ja nii nagu nad ei ole hoolinud Jumala tunnetusest, nõnda on Jumal nad andnud kõlbmatu mõtteviisi kätte, tegema seda, mis on väär; nad on tulvil igasugust ülekohut, kurjust, ahnust ja tigedust, täis kadedust, tapmist, riidu, kavalust, kiuslikkust, nad on keelekandjad, laimajad, Jumala vihkajad, julmurid, ülbed, kelkijad, halva peale leidlikud, vanematele sõnakuulmatud, mõistmatud, truudusetud, leppimatud, halastamatud, kes küll teavad Jumala käsku – et need, kes selliseid asju teevad, on surma väärt–, kuid ei tee seda mitte üksnes ise, vaid tunnevad head meelt neist, kes nii teevad."

Põhiliselt öeldakse siin, et me ei päri jumalariiki kui me teeme liha tegusid. Muidugi ei tähenda see, et te ei pääseks seetõttu, et te teete vahel pattu oma nõrga usu tõttu.

See pole tõsi, et vastpöördunud, kes tõde väga hästi ei tunne ega nõrga usuga inimesed ei pääse, kuna nad pole veel liha tegudest vabanenud. Kõigis inimestes on seadusetust, kuni nende usk saab täiskasvanuks ja nad saavad oma pattudele andestuse Isanda verele toetudes. Aga kui nad jätkavad liha tegude tegemist ja ei pöördu neist, nad ei pääse.

Patud, mis viivad surma

1. Johannese 5:16-17 öeldakse: „Kui keegi näeb oma venda tegevat pattu, mis ei ole surmaks, siis ta palugu, ja Jumal annab talle elu, neile, kes ei tee pattu surmaks. On pattu, mis on surmaks: selle kohta ma ei ütle, et tuleks paluda. Kõik ülekohus on patt, aga on patt, mis ei ole surmaks." Kirjutatu kohaselt võib näha, et on pattu, mis on surmaks ja ka pattu, mis ei ole surmaks.

Missugused patud on siis surmaks ja jätavad meid ilma jumalariigi pärimise õiguseta?

Heebrealastele 10:26-27 öeldakse: „Sest kui me tahtlikult teeme pattu pärast seda, kui oleme õppinud tundma tõde, siis ei ole enam ohvrit pattude eest, vaid ainult mingi hirmus kohtu ootamine ja äge tuli, mis neelab vastased." Kui me jätkame teadlikult patu tegemist, läheme me Jumala vastu. Jumal ei anna niisugustele inimestele meeleparanduse vaimu.

Heebrealastele 6:4-6 öeldakse samuti: „On ju võimatu neid, kes kord on olnud valgustatud, kes on maitsnud taevast andi ja saanud osa Pühast Vaimust, kes on kogenud Jumala head Sõna ja tulevase ajastu vägesid ning ometi ära taganenud – neid on võimatu uuendada jälle meeleparanduseks, sest et nad iseendi kahjuks löövad Jumala Poja risti ja teevad Ta naeruks." Kui te seisate Jumala vastu pärast tõe kuulmist ja Püha Vaimu tegude kogemist, ei anta teile meeleparanduse vaimu ja seega te ei pääse.

Te ei pääse ka Püha Vaimu tööd hukka mõistes, pidades seda kuratlikuks või ketserlikuks, sest tegu on jumalapilkamisega ja Püha Vaimu vastu minekuga (Matteuse 12:31-32).

Me peame mõistma, et on patte, mida ei andestata ja niisuguseid patte mitte kunagi tegema. Samuti võivad ka tühised patud kuhjudes tõsisteks pattudeks muutuda. Seega me peame iga hetk tõe sees püsima.

5. Kasvatamine

Inimese kasvatamine tähistab kõiki protsesse Jumala

maapealses inimolendite loomises tõeliste laste saamiseks ja inimajaloo valitsemise käigus kuni Kohtupäevani.

Kasvatamine on protsess, mille käigus põllumees külvab seemned ja koristab vilja valmimise järgselt oma ihuvaevaga. Jumal külvas samuti maa peale esimese seemne, Aadama ja Eeva, et saada oma maapealse kasvatamise vaeva kaudu tõeliste laste lõikust. Ta on tänaseni inimolendite kasvatamist läbi viinud. Jumal teadis ette, et inimene korrumpeerub sõnakuulmatuse kaudu ja see kurvastab Teda. Aga Ta kasvatab inimesi lõpuni, sest Ta teab, et nende seas on tõelisi lapsi, kes vabanevad kurjast armastuse tõttu, mida nad Jumala vastu tunnevad ja kellel on Jumala süda.

Inimesed loodi maapõrmust, seega neil on mullasarnaste omadustega iseloom. Kui põldu seemned külvata, võrsuvad seemned, kasvavad ja kannavad vilja. Me näeme, et mullas on võime tekitada uut elu. Samuti muutuvad mulla omadused vastavalt sellele lisatud komponentidele. Inimestega on samamoodi. Inimesed, kes sageli vihastuvad, koguvad oma iseloomu rohkem viha. Sageli valetavate inimeste iseloomus on rohkem valskust. Pärast Aadama pattulangemist said nii tema kui ta järglased lihalikeks inimesteks ja ebatõde määris neid väga kiiresti üha enam.

Sel põhjusel peavad inimesed oma südant harima ja „inimese kasvatamise" kaudu vaimusüdame saama. Lõppude lõpuks kasvatatakse inimesi maa peal nende südame kasvatamise jaoks, et neis taastuks puhas süda, mis oli Aadamal enne langust. Jumal andis meile Piiblis kasvatamisega seotud tähendamissõnad, et me mõistaksime Ta inimese kasvatamise ettehoolet (Matteuse 13; Markuse 4; Luuka 8).

Matteuse 13. peatükis võrdles Jeesus inimsüdant teeäärse, kivise maaga, ohakase ja hea maaga. Me peaksime vaatama, missugune pinnas meis on ja kündma selle heaks pinnaseks, mida Jumal näha soovib.

Nelja tüüpi südamepõld

Esiteks, tee kõrval on kõva maa, mille peal inimesed on kaua käinud. Tegelikult ei ole isegi tegu põlluga ja seal ei võrsu ükski seeme. Selles pole elutegevust.

Tee kõrval olev maa viitab vaimses mõttes nende südamele, kes ei aktsepteeri üldse evangeeliumi. Ego ja uhkus on nende südame väga kõvaks teinud, et evangeeliumi seemet sinna ei külvataks. Jeesuse ajal olid juudi juhid väga kangekaelsed oma arvamuse ja traditsioonide asjus ja hülgasid Jeesuse ja evangeeliumi. Tänapäeval on tee kõrval oleva maa taolise südamega inimesed nii kangekaelsed ja nad ei ava oma meelt ning hülgavad evangeeliumi, isegi kui nad näevad Jumala väge.

Tee kõrval olev maa on väga kõva ja seemneid ei saa mullapinnasesse panna. Seega linnud tulevad ja söövad seemned ära. Siin tähistavad linnud saatanat. Saatan võtab Jumala Sõna, et inimesed ei saaks usku. Nad tulevad kogudusse teiste inimeste pealekäimise tõttu, aga nad ei taha jutlustatud Jumala Sõna uskuda. Nad pigem mõistavad jumalasulase või sõnumi üle oma mõtete alusel kohut. Kõva südamega inimesed, kes ei ava oma meelt, ei pääse lõpuks, sest Sõna seeme ei suuda vilja kanda.

Teiseks, kivine maa on tee kõrval olevast maast veidi parem. Tee kõrval oleva maa sarnasel inimesel ei ole kavatsust Jumala Sõna vastu võtta, aga kivise pinnaga inimene mõistab Sõna, mida ta kuuleb. Kui seemneid kivisesse maasse külvata, võrsuvad seemned siin ja seal, aga ei suuda hästi kasvada. Markuse 4:5-6 öeldakse: „Ja osa kukkus kivisele maale, kus sel polnud palju mulda, ja see tärkas kohe, sest sel polnud sügavat mulda."

Kivise maa taolise südamega inimesed mõistavad Jumala Sõna, aga ei saa seda usus vastu võtta. Markuse 4:17 öeldakse: „...ent neil pole enestel juurt, vaid nad on heitlikud; kui neid siis Sõna pärast hakatakse rõhuma või taga kiusama, loobuvad nad kohe." Siin tähendab „Sõna" Jumala Sõna, kus öeldakse asju nagu: „Pidage hingamispäeva, tooge kogu kümnis, ärge kummardage ebajumalaid, teenige teisi ja alanduge." Kui nad kuulavad Jumala Sõna, arvavad nad, et nad peavad Ta Sõna, aga nad ei suuda raskustega silmitsi seistes otsusekindlaks jääda. Nad rõõmustavad Jumala armu saades, aga raskustesse sattudes muutub nende suhtumine varsti. Nad on Ta Sõna kuulnud ja teavad seda, aga neil pole jõudu selle järgi elada, sest Ta Sõna ei ole nende südames kindla usuna haritud.

Kolmandaks, ohakase põllumaa taolise südamega inimesed mõistavad Jumala Sõna ja hakkavad selle kohaselt tegutsema. Aga nad ei suuda Jumala Sõna järgi kõige täielikumal määral elada ja nende elus pole ilusat vilja. Markuse 4:19 öeldakse: „...ent selle ajastu muretsemised ja rikkuse petlik ahvatlus ja mitmesugused muud himud haaravad neid ja lämmatavad Sõna ära ning see jääb viljatuks."

Taolise südamepinnasega inimesed näivad olevat head usklikud, kes elavad Jumala Sõna alusel, aga neil on ikkagi läbikatsumisi ja katsumusi ja nende vaimne kasv on aeglane, kuna nad ei koge Jumala tegelikku tööd, olles petetud selle maailma muredest ja rikkuse petlikkusest ning soovist muude asjade järele.

Näiteks, oletame et nende äri pankrotistub ja nad võivad isegi lõpetada vanglas. Kui olukord võimaldab neil võlga mingite hädapäraste vahenditega tasuda ja saatan kiusab neid sellega, sattuvad nad tõenäoliselt kiusatusse. Jumal võib aidata neid vaid siis kui nad elavad õiglaselt, hoolimata kui raskes olukorras nad poleks, aga nad alluvad saatana kiusamisele.

Isegi kui nad tahavad Jumala Sõnale kuuletuda, ei suuda nad tegelikult usus kuuletuda, sest nende meel on täis inimlikke mõtteid. Nad paluvad, et kõik Jumala kätesse anda, aga tegelikult kasutavad nad esiteks oma kogemust ja teooriaid. Nad seavad oma plaanid esikohale, seega asjad ei lähe nendega tõesti hästi ka siis kui nendega esialgu näib kõik hästi minevat. Jakoobuse 1:8 öeldakse, et need inimesed mõtlevad kaksipidi.

Ohakavõrsete puhul ei näi suuremat viga olevat. Aga kui need võrsed kasvavad, muutub olukord täielikult. Ohakatest saavad klumbid, mis tõkestavad teiste heade seemnete kasvu. Seega, kui esineb mingi takistus, mis ei lase meil Jumala Sõna täita, peame me sellest vabanema ka siis kui see näib tühine.

Neljandaks, hea pinnas on maa, mis on viljakas ja mida põllumees on hästi kündnud. Kõva maad küntakse ja kivid ning ohakad eemaldatakse. See tähendab, et inimene hoidub

Liha moodustumine

tegemast asju, mida Jumal keelab ja ta vabaneb asjadest, millest Jumal vabaneda käsib. Pole kive ega muid takistusi ja seega kui Jumala Sõna tollesse pinnasesse langeb, kannab see kolmekümne, kuuekümne ja sajakordset vilja. Taoliste inimeste palvetele vastatakse.

Me võime näha kui hästi me oleme head südamepinnast harinud sellest kuivõrd me elame Jumala Sõna alusel. Mida parema pinnase me harisime, seda lihtsam on Jumala Sõna järgi elada. Mõned inimesed teavad Tema Sõna, aga ei kasuta seda oma elus väsimusest, laiskusest, valede mõtete ja soovide tõttu. Hea südamepinnasega inimeste elus pole taolisi takistusi, seega nad mõistavad Jumala Sõna kohe kui nad seda kuulevad ja elavad selle kohaselt. Kui nad saavad aru, et miski on Jumala tahe ja Talle meeltmööda, nad lihtsalt teevad seda.

Oma südant harides hakkavad teile meeldima inimesed, keda te varem vihkasite. Nüüd võite te andestada neile, kellele te varem andestada ei suutnud. Kadedusest ja kohtumõistmisest saavad armastus ja halastus. Kõrgist meelest saab alandlikkus ja teenimine. Oma südame ümberlõikuse jaoks niimoodi kurjast vabanemine tähendab inimsüdame harimist, et sellest head maad teha. Siis kui Jumala Sõna seeme langeb heasse südamepinnasesse, see võrsub ja kasvab kiiresti ning kannab rohkem üheksat Püha

Vaimu vilja ja Valguse vilja.

Kui te muudate oma südame heaks maapinnaks, võite te saada vaimset usku, mis tuleb ülevalt. Te võite ka tuliselt palvetada ja tuua Jumala väe ülevalt alla, kuulda selgelt Püha Vaimu häält ja täita Jumala tahet. Taolised inimesed on niisugused viljad, mida Jumal soovib inimese kasvatamise kaudu lõikuseks saada.

Astja iseloom: südamepinnas

Astja iseloom on üks südamepinnase kasvatamise oluline element. Astja iseloom on astja materjali loomusega seotud. See näitab, kuidas inimene kuulab Jumala Sõna, peab seda meeles ja rakendab oma ellu. Piiblis võrreldakse kullast, hõbedast, puust või savist astjaid (2. Timoteosele 2:20-21).

Kõik nad kuulavad sama Jumala Sõna, aga nad kuulevad seda erinevalt. Mõned võtavad selle „aamen" öeldes vastu, aga teised lasevad sellel lihtsalt minema libiseda, sest see ei ühti nende mõtetega. Mõned kuulavad seda tõsimeelse südamega ja püüavad seda oma ellu rakendada, aga teisi õnnistab sõnum, kuid nad unustavad selle peagi.

Need erinevused tulevad astjate erinevast iseloomust. Kui

keskenduda kuuldud Jumala Sõnale, külvatakse see südamesse erinevalt, võrreldes Jumala Sõna uniselt ja keskendumata kuulamisega. Isegi kui sama sõnumit kuulata, annavad selle südames hoidmine ja hooletu kuulamine väga erineva tulemuse.

Apostlite teod 17:11 öeldakse: „Sealsed olid üllameelsemad kui Tessaloonika omad, nemad võtsid Sõna vastu täie innuga ja uurisid iga päev Pühakirjast, kas see on nõnda" ja Heebrealastele 2:1 öeldakse: „Seepärast tuleb meil palju hoolsamini panna tähele seda, mida me oleme kuulnud, et meid kõrvale ei uhutaks."

Kui te kuulete usinalt Jumala Sõna, peate seda meeles ja rakendate seda ellu sellisena nagu see on, võib öelda, et teil on hea astja iseloom. Hea astja iseloomuga inimesed kuuletuvad Jumala Sõnale, et kiiresti kasvatada head südamepinnast. Siis kui neil on hea südamepinnas, peavad nad loomupäraselt Jumala Sõnast oma südamepõhjas kinni ja rakendavad seda ellu.

Hea astja iseloom aitab head pinnast kasvatada ja hea pinnas aitab ka head astja iseloomu kasvatada. Nii nagu kirjutatakse Luuka 2:19: „Ent Maarja jättis kõik need lood meelde, mõtiskledes nende üle oma südames," neitsi Maarja oli hea astjas, kelle meeles oli Jumala Sõna ja teda õnnistati Püha Vaimu läbi Jeesuse eostamiseks.

1. Korintlastele 3:9 öeldakse: „Sest Jumala kaastöölised oleme meie: Jumala põllumaa, Jumala hoone olete teie." Meie oleme Jumala haritud põllumaa. Meil võib olla puhas ja hea süda, mis on hea mullapinna sarnane ja hea astjas, mis on kuldastja sarnane ja Jumal võib meid kasutada üllal otstarbel kui me Jumala Sõna kuulame ja seda meeles peame ja ellu rakendame.

Südame iseloom: Astja suurus

On olemas teine mõiste, mis on seotud astja iseloomuga – ehk kuidas inimene suurendab oma südant ja kasutab seda. Astja iseloom sõltub astja materjalist, aga südame iseloom sõltub astja suurusest. Astjaid on neljas suuruses.

Esimesse kategooriasse kuuluvad nemad, kes teevad rohkem kui neilt oodatakse. See on parima iseloomuga süda. Näiteks, vanemad paluvad, et lapsed võtaksid põrandalt prahi üles. Siis ei võta lapsed vaid prahti üles, aga koristavad ka toa ära. Nad ületavad vanemate ootused ja teevad sellega vanematele rõõmu. Stefanos ja Filippus olid vaid diakonid, aga nad olid sama ustavad ja pühad kui apostlid. Nad tegid Jumalale rõõmu ja tegutsesid suure väe, tunnustähtede ja imedega.

Teise kategooriasse kuuluvad need, kes teevad vaid seda, mida neilt oodatakse. Niisugused inimesed võtavad ülesande, aga nad ei hooli tegelikult teistest ega oma ümbrusest. Kui vanemad paluvad, et nad prahi maast üles võtaksid, võtavad nad prahi üles. Neid võib sõnakuulelikkuse eest tunnustada, aga nad ei suuda Jumalale suuremat rõõmu tuua. Mõned usklikud koguduses liigituvad sellesse kategooriasse; nad täidavad lihtsalt oma ülesandeid ja ei hooli tegelikult muust. Niisugused inimesed ei saa tegelikult Jumalale suurt rõõmu valmistada.

Kolmandasse kategooriasse kuuluvad need, kes teevad, mida nad tegema peavad, kohusetundest. Nad ei täida oma ülesandeid rõõmu ja tänuga, vaid kurtmise ja nurinaga. Niisugused inimesed on kõiges negatiivsed ja nad on eneseohverdamisel ja teiste aitamisel ihned. Kui neile anda teatud ülesanded, võivad nad neid kohusetundlikult täita, aga nad teevad tõenäoliselt teiste elu raskeks. Jumal vaatab meie südant. Tal on hea meel kui me täidame oma kohustusi vabatahtlikult, armastusest Jumala vastu, selle asemel et kohustuste täitmisel sundust või kohusetunnet tunda.

Neljandasse kategooriasse kuuluvad need, kes teevad kurja. Niisugustel inimestel puudub igasugune vastutus- või kohusetunne. Nad ei hooli ka teistest. Nad rõhutavad oma mõtteid ja teooriaid ja teevad teiste elu raskeks. Kui niisugused inimesed on pastorid või juhid, kes hoolitsevad koguduseliikmete eest, ei saa nad nende eest armastusega hoolt kanda ja kaotavad seega inimesi või panevad nad komistama. Nad süüdistavad alati teisi ebasoodsate tulemuste tõttu ja loobuvad lõpuks oma ülesannetest. Seega on parem kui neile ei antaks üldse mingisuguseid ülesandeid.

Kontrollime nüüd, missugune on meie südame iseloom. Isegi kui me süda pole piisavalt avar, võime me seda suuremaks muuta. Selle tegemiseks tuleb meil oma süda pühitseda ja olla hea astja iseloomuga. Meil ei saa olla vaid hea südame iseloom, kui meil on halva astja iseloom. Hea südame iseloomu aitab harida ka see kui me oleme ennastohverdavad ja teeme iga tööd andumuse ja kirega.

Hea südame iseloomuga inimesed võivad Jumalale suuri asju teha ja Jumalat väga austada. Joosepiga oli niimoodi. Vennad müüsid ta Egiptusse ja temast sai vaarao ihukaitsepealiku Pootifari ori. Aga ta ei kurtnud selle üle, et teda orjaks müüdi. Ta täitis oma peremehe usaldatud ülesandeid kohusetundlikult ja ta pandi kogu koja üle. Hiljem süüdistati teda ebaõiglaselt ja ta pandi vangi, aga ta oli sama ustav kui varem ja lõpuks sai temast Egiptuse peaminister. Ta päästis maa ja oma perekonna tõsisest põuast ja rajas Iisraeli riigi moodustamise aluse.

Kui tal poleks olnud head südame iseloomu, oleks ta lihtsalt teinud seda, mida ta peremees tal teha käskis. Ta oleks lõpetanud Egiptuse orjana surres või vangis. Aga Jumal kasutas Joosepit väga, sest ta tegi igas olukorras Jumala silmis parimat ja tegutses suuremeelselt.

Nisu või sõklad?

Jumal on Aadama langemisest saadik inimolendeid selles füüsilises ruumis kaua aega kasvatanud. Õige aja saabudes eraldab ta nisu sõkaldest ja toob nisu taevariiki ja laseb sõkaldel põrgusse minna. Matteuse 3:12 öeldakse: „Tal on visklabidas käes ja Ta puhastab oma rehealuse ning kogub oma nisud aita, aga aganad põletab Ta ära kustutamatu tulega."

Nisu tähistab siin neid, kes armastavad Jumalat ja teevad Tema Sõna kohaselt, elades tões. Vastupidiselt, need, kes Jumala Sõnas ei ela, vaid elavad kurjuses ja mitte tõe kohaselt ja need, kes ei võta Jeesust Kristusest vastu ja teevad liha tegusid, kuuluvad sõkalde hulka.

Jumal tahab, et igaühest saaks nisu ja nad võtaksid pääsemise vastu (1. Timoteosele 2:4). See sarnaneb olukorrale, kus põllumehed tahaksid kõikidest põllule külvatud seemnetest lõikust saada. Aga lõikuse ajal on alati ka sõklaid ja samamoodi ei saa igaühest inimese kasvatamise käigus nisu, mis pääseb.

Kui me inimese kasvatamise seda külge ei mõista, võime me esitada küsimusi nagu: „Öeldakse, et Jumal on armastus, aga miks Ta päästab mõned ja laseb teised hukatuse teele minna?" Aga Jumal ei otsusta oma poolehoiu alusel, kes pääseb. See sõltub igaühe tahtest. Igaüks, kes elab füüsilises ruumis, peab valima, kas ta otsustab minna Taevasse või põrgusse.

Jeesus ütles Matteuse 7:21: „Mitte igaüks, kes mulle ütleb: „Isand, Isand!", ei saa taevariiki; saab vaid see, kes teeb mu Isa tahtmist, kes on taevas" ja Matteuse 13:49-50: „Nõnda on ka selle ajastu lõpul: inglid tulevad ja eraldavad kurjad õigete keskelt ning viskavad nad tuleahju. Seal on ulgumine ja hammaste kiristamine."

„Õiged" tähistavad siin usklikke. See tähendab, et Jumal eraldab usklike seas sõklad nisust. Isegi kui nad võtavad Jeesuse Kristuse vastu ja käivad koguduses, on nad ikkagi kurjad kui nad ei järgi Jumala tahet. Nad on üksnes sõklad, mis tuleb visata põrgutulle.

Jumal õpetab meid Piibli kaudu tundma Looja Jumala südant,

inimese kasvatamise ettehoolet ja elu tõelist eesmärki. Ta tahab, et me arendaksime hea astja iseloomu ja hea südame iseloomu ja tuleksime esile Jumala tõeliste lastena — taevariigi viljana. Aga kui paljud inimesed taotlevad selle patte ja nilbust täis maailma tähendusetuid asju? Nad teevad niimoodi, sest neid valitseb hing.

Vaim, hing ja ihu: 1. osa

2. osa

Hinge moodustumine
(Hinge tegutsemine füüsilises ruumis)

Kust tulevad inimeste mõtted?
Kas mu hinge lugu on hea?

„Ja purustame iga kõrkuse,
mis tõstab end jumalatunnetuse vastu,
ja me võtame vangi Kristuse sõnakuulmisesse
kõik mõtted
ja oleme valmis nuhtlema iga sõnakuulmatust,
kui teie sõnakuulelikkus on saanud täielikuks."
(2. Korintlastele 10:5-6)

1. peatükk
Hinge moodustumine

Inimvaimu surma ajast võttis ta hing füüsilises ruumis elades üle tema peremehe rolli. Hing läks saatana mõjualuseks ja inimesed hakkasid erinevat moodi hingeliselt tegutsema.

1. Hinge määratlus

2. Hinge erinev tegevus füüsilises ruumis

3. Pimedus

Me võime näha Jumala loomingu ilu, nähes nahkhiirte sarnaseid olendeid, kes leiavad oma röövsaagi kajalokatsiooni süsteemi abil; kui me näeme, kuidas lõhekala ja erinevad linnud reisivad tuhandeid miile, et oma sünnikohta ja aretuskohtadesse naasta ja rähne, kes toksivad minuti jooksul peaaegu tuhat korda puud.

Inimesed loodi kõiki neid asju allutama. Inimese välispidine füüsiline väljanägemine ei ole nii tugev nagu lõvidel või tiigritel. Nende kuulmis- või haistmismeeled ei ole sama teravad kui koertel. Aga sellest hoolimata kutsutakse neid kogu loodu isandateks.

See on nii, kuna neil on vaim ja mõttejõud koos kõrgema tasandi ajutegevusega. Inimestel on intelligentsus ja nad suudavad kõige üle valitsemiseks arendada teadust ja tsivilisatsiooni. Niisugune on inimese „hingega" seotud mõtlemine.

1. Hinge määratlus

Aju mäluseadet, mälus sisalduvaid teadmisi ja mõtteid, mis tekivad teadmiste taasleidmisel, kutsutakse ühiselt „hingeks."

Põhjus, miks meil tuleb nii selgelt aru saada vaimu, hinge ja ihu suhtest, seisneb selles, et me mõistaksime õieti hinge toimimist. Niimoodi tehes võime me taastada igasuguse Jumala soovikohase hinge toimimise. Selleks, et saatan ei valitseks meid hinge kaudu, peab meie vaim meie ülemus olema ja hinge valitsema.

Merriam-Websteri sõnaraamatus The Merriam-Webster's Dictionary määratletakse „hinge" kui „mittemateriaalset olemust, hingestavat põhimõtet või üksikindiviidi elu ajendavat põhjust; kõigis inimolendites, mõistuslikes ja vaimsetes olendites kehastuvat vaimset põhimõtet, või universumit". Aga hinge piibellik tähendus erineb sellest.

Jumal pani inimese ajusse mäluseadme. Ajul on mäletamisfunktsioon. Inimesed saavad sel viisil mäluseadmesse teadmisi panna ja neid hiljem taasleida. Mäluseadme sisu taasleidmist kutsutakse „mõtteks." Mõte on nimelt mälus talletatu taasleidmine ja mäletamine. Mäluseadet, selles sisalduvaid teadmisi ja teadmiste taasleidmist peetakse tervikuna „hingeks."

Inimhinge võib võrrelda andmete talletamise, otsingu ja

kasutamisega arvutis. Inimestel on hing, et mäletada ja mõtelda ja seega on hing inimeste jaoks sama tähtis kui süda.

Vastavalt sellele kui palju andmeid keegi on näinud, kuulnud ja talletanud ja kui hästi ta niisuguseid andmeid mäletab ja kasutab, moodustub ta mälujõud ja intelligentsus, mis erineb teiste omast. Intelligentsikvoot ehk IQ määratakse tavaliselt pärilikkuse alusel, aga seda võivad muuta ka omandatud elemendid nagu õppimine ja kogemused. Isegi kui kaks inimest sündisid sama intelligentsikvoodi tasemega, võib nende intelligentsikvoot erineda vastavalt nende püüdluste määrale.

Hinge tegevuse tähtsus

Hinge tegevus muutub erinevaks vastavalt sellele, missugust sisu me mäluseadmesse sisestame. Inimesed näevad, kuulevad ja tunnevad asju ja mäletavad iga päev palju taolisi asju. Hiljem nad mäletavad neid asju, et tulevikku planeerida või arutleda ja õige ja vale vahel vahet teha.

Ihu on nagu astjas, mis sisaldab vaimu ja hinge. Hing etendab tähtsat osa inimese iseloomu ja otsustusstandardite kujundamisel „mõtlemise" funktsiooni abil. Inimese edu või ebaõnnestumine sõltub suuresti tolle inimese hinge toimimisest.

See sündmus leidis 1920. aastal aset väikeses Kodamuri külas, mis asus 110 km edelas Kolkatast, Indias. Pastor Singh ja ta naine olid seal misjonärid ja kuulsid kohalikelt koletistest, kes sarnanesid inimolenditele ja elasid huntidega koopas. Kui Pastor Singh koletised kinni püüdis, oli tegu kahe inimlapsest tüdrukuga.

Pastor Singhi päeviku kohaselt olid tüdrukud inimsoost vaid väljanägemise poolest. Kogu nende käitumine oli huntide käitumise taoline. Üks tüdruk suri varsti ja teine tüdruk, kellele pandi nimeks Gamara elas Singhidega üheksa aastat ja suri ureemia nimelisse veremürgitusse.

Päeva ajal oli Gamara liikumatult pimedas toas, näoga seina poole ja magas. Aga öösel roomas ta majas ringi ja ulgus sama valju häälega nagu päris hundid, keda oli kaugele kuulda. Ta jooksis neljakäpukil, huntide taoliselt käsi kasutades. Kui lapsed lähenesid talle, näitas ta neile hambaid, urises ja lahkus.

Singhid püüdsid sellest hunttüdrukust päris inimolendit teha, aa see polnud lihtne. Ta hakkas alles kolm aastat hiljem kätega sööma ja viie aasta pärast tekkisid talle kurbust või rõõmu peegeldavad näoilmed. Gamara suutis oma surma ajal tunda väga elementaarseid tundeid, mis sarnanesid peremehega kohtumise üle rõõmu väljendava koera sabaliputamisele.

Selles loos räägitakse, et inimhing avaldab inimeste inimlikuks tegemisel otsest mõju. Gamara kasvas huntide käitumist nähes. Ta hing ei saanud areneda, kuna ta ei saanud sinna sisestada inimolendite jaoks vajalikke teadmisi. Kuna hundid kasvatasid teda, suutis ta vaid hundilaadselt käituda.

Inimeste ja loomade erinevus

Inimesed koosnevad vaimust, hingest ja ihust. Kõige olulisem nende seast on vaim. Inimese vaim tuleb Jumalalt, kes on vaim ja seda ei ole võimalik kunagi kustutada. Ihu sureb ja naaseb peotäieks põrmuks, aga vaim ja hing jäävad alles ja lähevad kas Taevasse või põrgusse.

Kui Jumal tegi loomad, ei hinganud Ta neisse eluõhku nagu inimolenditesse, seega loomad koosnevad vaid ihust ja hingest. Loomadel on ka ajusarnane mäluseade. Nad suudavad nähtut ja kuuldut elu jooksul mäletada. Aga kuna neil pole vaimu, ei ole neil vaimset südant. See, mida nad näevad ja kuulevad, sisaldub vaid ajurakkude mälu talletamisüksuses.

Koguja 3:21 öeldakse: „Kes teabki, kas inimlaste hing tõuseb ülespoole või kas loomade hing vajub maa alla?" Selles salmis räägitakse „loomade hingest." Sõna „hing", mis kujutab inimese hinge, kasutatakse sellepärast, et Vana Testamendi ajal kui Jeesus tuli maa peale, oli inimestesse jäänud vaim „surnud." Seega öeldi pärast nende surma, hoolimata sellest, kas nad olid päästetud või mitte, et nende „eluõhk" või „hing" lahkus neist. Inimhinge „ülesminek" tähendab, et hing ei kao, vaid läheb kas Taevasse või põrgusse. Teisalt, loomahing läheb alla maa sisse, mis tähendab, et see kustub. Kui loomad surevad, surevad ka nende ajurakud

89

ja ajus sisalduv lakkab olemast. Loomade hing ei toimi enam. Mõnes müüdis või loos maksavad mustad kassid või maod inimestele kätte, aga niisuguseid lugusid ei tohiks tõeseks pidada.

Loomade hing toimub, kuid piiratult, ellujäämise jaoks vajalikul määral. See on instinkti tulemus. Loomad tunnevad instinktiivselt surmahirmu. Nad võivad muutuda vastupidavaks või ähvardamise korral hirmu tunda, aga nad ei suuda iialgi kätte maksta. Loomadel pole vaimu, seega nad ei suuda Jumalat iialgi otsida. Kas kalad leiutaksid ujumise ajal mooduseid, kuidas Jumalaga kohtuda? Aga inimesel on täiesti erinev hinge toimimise mõõde, mis on loomade omast palju keerukam. Inimesed suudavad mõtelda asjadest, mis pole pelgalt instinktiivsed ellujäämisega seotud mõtted. Nad suudavad arendada tsivilisatsioone, mõtelda elu tähenduse üle või arendada filosoofilisi või religioosseid mõtteid.

Inimhing toimib suuremas mõõtmes, lisaks ihule ja hingele on inimestel ka vaim. Ka Jumalat mitte uskuvatel inimestel on vaim. See selgitab teatud määral, kuidas nad suudavad ähmaselt vaimumaailma tajuda ja kardavad mingil määral oma tunnetusega surmajärgset elu. Samahästi kui surnud vaimuga on nad täiesti oma hinge valitsuse all. Nad teevad hinge valitsuse alustena pattu ja lähevad selle tulemusena lõpuks põrgusse.

Hingeinimene

Kui Aadam loodi, oli ta vaimolend, kes suhtles Jumalaga. Tema vaim oli nimelt ta peremees ja hing oli nagu vaimule kuuletuv teener. Muidugi oli isegi hingel mäletamise ja mõtlemise funktsioon, aga kuna polnud valet ega kurjasid mõtteid, järgis hing vaid Jumala Sõnale kuuletuva vaimu juhiseid.

Aga pärast seda kui Aadam sõi hea ja kurja tundmise puust ja ta vaim suri, sai temast hingeline inimene, kes oli saatana valitsuse alune. Ta hakkas sisendama valesid mõtteid ja tegusid. Inimesed kaugenesid üha enam tõest, sest saatan valitses nende hinge ja juhatas neid vale teele. Seega on hingelised inimesed need, kelle vaim on surnud ja kes ei saa Jumalalt mingisugust vaimset teadmist.

Hingelised inimesed, kelle vaim on surnud, ei saa päästet vastu võtta. Nii oli lugu algkoguduse Hananiase ja Safiiraga. Nad uskusid Jumalat, kuid neil polnud tõelist usku. Saatan ässitas neid Pühale Vaimule ja Jumalale valetama. Mis nendega juhtus? Apostlite teod 5:4-5 kirjutatakse: „Sa ei ole valetanud inimestele, vaid Jumalale. Neid sõnu kuuldes langes Hananias maha ja heitis hinge. Ja suur kartus tuli kõikide peale, kes seda kuulsid."

Sellepärast, et seal öeldakse vaid „ta heitis hinge", võime me järeldada, et ta polnud päästetud. Stefanos aga oli vaimne inimene, kes kuuletus Jumala tahtele. Ta armastus oli piisavalt suur, et palvetada teda kividega surnuks loopijate eest. Ta andis märtrisurma surres oma „vaimu" Isanda kätte.

Apostlite teod 7:59 öeldakse: „Ja nad viskasid kividega Stefanost, kes valjusti hüüdis: „Isand Jeesus, võta mu vaim vastu!" Ta sai Jeesust Kristust vastu võttes Püha Vaimu ja ta vaim elustati ja seega ta palvetas: „...võta mu vaim vastu!" See tähendas, et ta oli päästetud. Piiblis on ka salm, kus räägitakse vaid „elust" „hinge" või „vaimu" asemel. Kui Eelija elustas Sarepta lese lapse, öeldakse, et ta virgus ellu. „Ning Isand kuulis Eelija häält ning poisi hing tuli temasse tagasi ja ta virgus ellu" (1. Kuningate raamat 17:22).

Eelpool mainitu kohaselt ei saanud Vana Testamendi aegsed inimesed Püha Vaimu ja nende vaimu ei saanud elustada. Seega Piiblis ei räägita „vaimust", kuigi laps oli päästetud.

Miks Jumal käskis kõiki amalekke hävitada?

Kui Iisraeli pojad tulid Egiptusest ja marssisid Kaananimaa poole, seisis amalekkide sõjavägi neile tee peale ette. Nad ei kartnud Jumalat, kes oli Iisraeli poegadega ka pärast Egiptuses ilmsiks saanud vägevatest Jumala tegudest kuulmist. Nad ründasid Iisraeli poegi kogu järelväe, kui nad olid jõuetud ja roidunud (5. Moosese raamat 25:17-18).

Jumal andis Kuningas Saulile käsu sellepärast kõik amalekid

hävitada (1. Saamueli raamat 15. peatükk). Jumal käskis tal tappa kõik mehed, naised ja lapsed, vanad ja noored ja isegi nende kariloomad.

Vaimset arusaamist omamata ei mõista me niisugust käsku. Me võime mõtelda: „Jumal on hea ja Ta on armastus. Miks peaks Ta andma käsku inimeste julmaks tapmiseks, otsekui oleks tegu loomadega?"

Aga kui selle sündmuse vaimset tähendust mõista, võib aru saada, miks Jumal seda teha käskis. Ka loomadel on mälujõud, seega treenitult nad mäletavad seda ja kuuletuvad oma peremeestele. Aga kuna neil pole vaimu, naasevad nad lihtsalt peotäieks põrmuks. Neil pole Jumala silmis väärtust. Samamoodi lähevad surnud vaimud ja need, kes ei pääse, põrgusse ja nii nagu vaimuta loomadel, pole ka neil Jumala silmis väärtust.

Amaleklased olid eriti salakavalad ja julmad. Hoolimata sellest kui palju neile aega anti, neil polnud algusega võrreldes rohkem võimalust pöörduda ega meelt parandada. Kui nende seas oleks olnud keegi õige või keegi, kellel oleks olnud võimalus meelt parandada või oma pattudest pöörduda, oleks Jumal neid igal juhul päästa proovinud. Pidage meeles, et Jumal lubas pattu täis Soodomat ja Gomorrat mitte hävitada kui linnas oleks olnud vaid kümme õiget inimest.

Jumal on täis halastust ja aeglane vihastuma. Aga amalekkidel polnud mingisugust võimalust päästetud saada, hoolimata sellest kui palju neile aega anti. Nad ei olnud nisu, vaid hävitamisele kuuluvad sõklad. Sellepärast käskis Jumal kõik Tema vastu läinud amalekid hävitada.

Koguja 3:18 kirjutatakse: „Ma mõtlesin südames: See on inimlaste huvides, et Jumal neid läbi katsub ja et nad näevad, et nad on iseenesest vaid loomad." Kui Jumal katsus neid läbi, nad ei erinenud loomadest. Neil, kelle vaim on surnud, toimivad vaid hing ja ihu, seega nad tegutsevad loomade sarnaselt. Muidugi on tänapäeva patust tulvil maailmas palju inimesi, kes on isegi loomadest hullemad. Ilmselt nad ei pääse. Teisalt, loomad surevad ja lihtsalt hukkuvad. Aga kui inimesed ei pääse, lähevad nad põrgusse. Lõpuks on nende seisukord hullem kui loomadel.

2. Hinge erinev tegevus füüsilises ruumis

Esialgse inimese vaim valitses inimest, aga Aadama patu tõttu suri ta vaim. Vaimne energia hakkas välja imbuma ja lihalik energia asendas selle. Sellest ajast sai alguse ebatõesse kuuluv hingeline tegevus.

On olemas kahte sorti hingelist tegevust. Üks kuulub liha juurde ja teine vaimu juurde. Kui Aadam oli elav vaim, sai ta Jumalalt otse tõde. Sedamoodi oli tal vaid vaimu juurde kuuluva hinge tegevus. Selline hinge tegevus kuulus nimelt tõe juurde.

Aga kui ta vaim suri, algas hingeline vale tegevus. Luuka 4:6 kirjutatakse: "Ja kurat ütles Talle: "Ma tahan anda Sulle meelevalla kõigi nende üle ja nende hiilguse, sest see on minu kätte antud ja mina võin selle anda, kellele ma iganes tahan." Selle sündmuse ajal katsus kurat Jeesuse läbi. Kurat ütles, et talle oli antud meelevald, seda ei olnud tal aga algusest. Aadam loodi kogu loodu isandaks, aga kuna ta kuuletus patule, sai temast kuradi ori. Sellepärast anti Aadama meelevald kuradile ja saatanale. Sellest ajast peale sai hing inimeste valitsejaks ja kõik inimesed läksid vaenlase kuradi ja saatana valitsuse alla.

Saatan ei saa tõese südamega inimese vaimu üle valitseda. Ta kontrollib inimeste hinge, võttes nende südame. Saatan paneb inimsüdametesse igasuguseid valesid. Ta saab ka inimsüdant kontrollida niipalju kui ta saab inimhinge tegevust oma valdusse.

Kui Aadam oli elav vaim, tundis ta vaid tõde ja seega oli tema süda iseenesest ta vaim. Aga sellest ajast peale kui Jumalaga suhtlemine lakkas, ei saanud ta enam tõeseid teadmisi ega vaimset energiat. Selle asemel hakkas ta saama saatana poolt hinge antud valesid teadmisi. See vale teadmine moodustas inimsüdametes ebatõese südame.

Hävitage liha juurde kuuluv hingeline tegevus

Kas te olete keerutamata öelnud mõningaid asju või teinud midagi, mida te poleks kunagi arvanud end ütlevat ega tegevat.

Niimoodi juhtub, kuna inimesi valitseb hing. Kuna hing katab vaimu, võib meie vaim olla tegev vaid siis kui me lõhume maha lihaliku hingelise tegevuse. Kuidas siis lammutada lihalikku hingelist tegevust? Kõige olulisem on tunnistada seda, et meie teadmised ja ettekujutused pole õiged. Ainult siis võime me olla valmis oma ettekujutustest erinevat tõesõna vastu võtma.

Jeesus kasutas tähendamissõnasid inimeste valede ettekujutuste lammutamiseks (Matteuse 13:34). Nad ei saanud vaimsetest asjadest aru, kuna hing oli nende eluseemne lämmatanud, seega Jeesus püüdis lasta neil selle maailma asjadest rääkides tähendamissõnade kaudu asjadest aru saada. Aga variserid ja Ta jüngrid ei saanud Temast aru. Nad tõlgendasid kõike oma kinnisideede ja lihalike väärade mõtete etaloni alusel ja ei suutnud seega millestki vaimsest aru saada.

Tolle aja legalistid mõistsid Jeesuse haige mehe hingamispäeval terveks tegemise eest hukka. Kui ratsionaalselt mõtelda, võib näha, et Jumal tunnustas ja armastas Jeesust, sest Ta tegutses niisuguse väega, millega ainult Jumal võis tegutseda. Aga need legalistid ei suutnud vanemate pärimuste ja oma mõttemallide tõttu Jumala südant mõista. Jeesus püüdis lasta neil mõista oma valesid ettekujutusi ja kujutelmi.

Luuka 13:15-16 kirjutatakse: „Aga Isand vastas talle: „Te silmakirjatsejad, eks igaüks teie seast päästa ka hingamispäeval oma härja või eesli sõime küljest lahti ja vii jooma? Kas siis teda, kes on Aabrahami tütar, keda saatan, ennäe, juba kaheksateist aastat on hoidnud ahelais, ei oleks tohtinud sellest köidikust lahti päästa hingamispäeval?"

Kui Ta seda ütles, tundsid kõik Ta vastased end alandatuna ja kogu rahvas rõõmustas Tema tehtud auliste asjade tõttu. Tegelikult oli neil võimalik oma vääradest mõttemallidest aru saada. Jeesus püüdis inimeste mõtteid lammutada, sest nad avasid oma südame ainult siis kui nende mõtted said maatasa tehtud.

Vaatame Johannese ilmutust 3:20, kus öeldakse:

Ennäe, ma seisan ukse taga ja koputan. Kui keegi kuuleb mu häält ja avab ukse, siis ma tulen tema juurde sisse ning söön õhtust temaga ja tema minuga.

Selles salmis sümboliseerib „uks" mõtete väravat ehk „hinge". Isand koputab tõesõnaga meie mõtete uksele. Kui me avame siis oma mõtete ukse, see tähendab kui me lammutame oma hinge ja võtame Isanda Sõna vastu, avaneb meie südameuks. Niimoodi, kui Tema Sõna tuleb meie südamesse, hakkame me Jumala Sõna järgi elama. See on Isandaga „einestamine." Kui me lihtsalt võtame Ta Sõna „aamen" öeldes vastu ka siis kui Ta Sõna ei ühti meie mõtete või teooriatega, siis võime me hinge väära tegutsemise kummutada.

Nii nagu selgitatud, meil tuleb esiteks avada oma mõtete ja siis oma südame uks, et evangeelium võiks jõuda eluseemneni, mida ümbritseb inimhing. See sarnaneb külalise poolse teise inimese maja külastamisega. Selleks, et majast väljaspool asuv külaline võiks peremehega kohtuda, peab ta avama peavärava, minema majasse sisse ja avama ka veranda ukse, et elutuppa minna.

Lihaliku hinge toimimise lammutamiseks on palju viise. Selleks, et lasta inimestel oma mõtete ja südame ust evangeeliumi vastuvõtmiseks avada, on mõne inimese puhul parem anda neile loogilisi selgitusi, teise jaoks on aga parem näidata neile Jumala väge või esitada häid mõistulugusid või tähendamissõnu. Meil on ka pidevalt vaja lammutada hinge väärtoimingud usu kasvamisel evangeeliumi juba vastu võtnud inimeste korral. On palju usklikke, kes ei kasva pidevalt usus ja vaimus, sest neil puudub lihaliku hinge tegevuse tõttu jätkuv vaimne arusaamine.

Mälestuste kujunemine

Selleks, et meie hing toimiks soovitud moel, peaksime me teadma, kuidas sisestatud teadmised jäävad mälestusteks. Vahel me näeme või kuuleme kindlasti midagi, aga hiljem me suudame seda vaevu meenutada. Vastuoksa aga, me mäletame midagi nii selgelt, et see ei unune ka pika aja jooksul. Erinevus tuleb meie mälusüsteemi asjade sisestamise meetodist.

Esimene mällu sisestamise meetod on millegi lihtsalt spontaanne märkamine. Me kuuleme või näeme midagi, aga me ei pööra sellele üldse mingit tähelepanu. Oletame, et te naasete rongiga oma kodulinna. Te näete nisupõlde ja muid vilju. Aga kui te olete mõttes, ei meenu teile kodulinna saabudes tegelikult miski, mis te rongis olles nägite. Samuti kui õpilased unistavad tunnis olles, ei suuda nad tunni ajal räägitut meenutada.

Teiseks on olemas kausaalne mälu. Kui aknast nisupõlde vaadata, võib seda vanematega seostada. Te mõtete põldu nähes isa peale, kes on põllumees ja hiljem on teil nähtust ähmane mälestus. Samuti võivad õpilased tunni ajal õpetaja öeldut vaid pealiskaudselt mäletada. Nad võivad seda kohe pärast tundi mäletada, aga paari päeva pärast see ununeb.

Kolmandaks, mällu istutatakse asju. Kui ka teie olete põllumees ja näete viljapõlde ja muid vilju, pöörate te nähtule tähelepanu. Te vaatate tähelepanelikult, kuidas põldude eest hoolt kantakse või kuidas kasvuhooneid ehitatakse ja te tahate seda oma põllumajanduses kasutada. Te pöörate sellele tähelepanu ja istutate selle sügavale oma ajusse, et seda üksikasjalikult mäletada ka pärast kodulinna naasmist. Samuti oletame, et õpetaja ütleb tunnis: „Me teeme kohe pärast seda tundi kontrolltöö. Iga vale vastuse eest võetakse teilt viis palli maha." Siis püüavad õpilased tõenäoliselt keskenduda ja klassis õpetatut meeles pidada. Niisugune mälu kestab endistest suhteliselt kauem.

Neljandaks, ajusse ja südamesse istutamine. Oletame, et te vaatate kurba filmi. Te tunnete näitlejale kaasa ja elate loole kaasa ja nutate palju. Sel juhul ei juurdu lugu vaid teie mällu, aga ka südamesse. See juurdub tunnete kaudu südamesse ja ajurakkude abil mällu. Nii mällu kui südamesse tugevalt sisestatud asjad püsivad kuni ajurakkude hävimiseni. Ka pärast ajukahjustust jääb südames olev ikkagi alles.

Kui noor laps nägi pealt, kuidas ta ema liiklusavariis tapeti, on ta suures šokis! Sel juhul juurdub vaatepilt ja kurbus ta südamesse. See juurdub nii tema mällu kui südamesse ja tal on raske toda unustada. Me vaatlesime nelja mäletamise meetodit. Kui me seda väga hästi mõistame, aitab see meil hinge tegevust valitseda.

Asjad, mida te sooviksite unustada, aga mida teile pidevalt meenutatakse

Vahel meenutatakse meile pidevalt asju, mida me ei taha mäletada. Mis on selle põhjuseks? Need asjad on nii ajusse istutatud kui ka meie südamesse tunnetega juurdunud.

Oletame, et te vihkate kedagi. Hoolimata sellest, mida te temast arvate, te kannatate vihkamistunde tõttu teie sees. Sel juhul tuleb teil esiteks mõtelda Jumala Sõna peale. Jumal ütleb, et me armastaksime ka oma vaenlasi ja Jeesus palvetas, et Tema ristilööjatele andeks antaks. Jumal soovib näha südant, kus on headus ja armastus, seega meil tuleb vaenlase kuradi ja saatana käest saadud väärust täis süda välja juurida.

Enamasti, kui aluspõhjust vaadelda, saame me aru, et me vihkame teisi tühiasjade tõttu. Me saame aru, millele me Jumala Sõnas ei kuuletu kui me mõtiskleme oma elu üle 1. Korintlastele 13. peatüki alusel, kus räägitakse, et meil tuleb teiste kasu taotleda, olla tasane ja teisi mõistev. Kui me mõistame, et me ei tegutse õiglaselt, sulab meie südames olev vihkamine tasapisi. Kui me tunneme headust ja sisestame seda esiteks, ei pea me kurjade mõtete tõttu kannatama. Isegi kui keegi teeb midagi, mis meile ei meeldi, ei vihka me neid nii kaua kui me sisestame häid tundeid, mõteldes: „Neil peab selleks põhjus olema."

Meil tuleb teada, mida koos väärusega sisestatakse

Mida me nüüd peame tegema väärusega, mida me oleme juba ebaõigete tunnetega sisestanud?

Kui miski on sügavale südamesse istutatud, meenutatakse seda teile ka siis kui te ei püüa sellele teadlikult mõtelda. Sel juhul peaksime me selle asjaga seotud tundeid muutma. Sellele mõtlemise asemel muutke mõtlemist. Näiteks, te võite muuta oma mõtlemist kellegi kohta, keda te vihkate. Te võite tema vaatenurgast mõtlema hakata ja mõista, et tema olukorras võis ta niimoodi käituda.

Samamoodi võite te mõtelda tema heade külgede üle ja ka tema eest palvetada. Kui te püüate temaga soojade ja lohutavate sõnadega rääkida, talle väikeseid kingitusi anda ja armastuse tegusid teha, muutuvad vihkamise tunded armastuse tunneteks. Siis ei kannata te enam tema peale mõteldes.

Enne kui ma Isanda vastu võtsin, vihkasin ma seitse aastat haigevoodis olles paljusid. Mu haiguse jaoks polnud ravi ja mul polnud elulootust. Ainult võlg kasvas ja mu perekond oli peaaegu purunenud. Naine pidi elatist teenima ja sugulased ei tervitanud mu perekonda, sest me olime neile koormaks.

Samuti olid katkenud mu head suhted sõpradega. Sel ajal mõtlesin ma vaid oma raske olukorra peale ja ma tundsin nende vastu halvakspanu, kuna nad hülgasid mu. Ma tundsin vimma oma naise vastu, kes korjas sageli oma asjad kokku ja läks minema ja tema pereliikmete vastu, kes tegid oma kalkide sõnadega mulle haiget. Kui ma nägin neid mind põlastusega vaatamas, kasvas mu vihkamine ja halvakspanu veelgi enam. Aga ühel päeval kadus igasugune vimm ja vihkamine. Kui ma võtsin Isanda vastu ja kuulasin Jumala Sõna, sain ma oma veast aru. Jumal ütleb, et me armastaksime isegi oma vaenlasi ja andis oma ainusündinud Poja meie eest lepitusohvriks. Aga missugune inimene ma olin, ma tundsin halvakspanu ja pidasin vimma! Ma hakkasin nende vaatenurgast mõtlema. Oletame, et mul oleks olnud õde, kes oleks ebakompetentse abikaasaga kohtunud. Õde oleks siis elatise teenimiseks väga palju töötama pidanud. Mis ma siis sellest olukorrast oleksin arvanud? Kui ma nende vaatenurgast mõtlema hakkasin, suutsin ma neid mõista ja sain aru, et kogu süü lasus minu õlgadel.

Kui ma oma mõtlemist muutsin, olin ma oma naise perekonnaliikmete üle pigem tänulik. Vahel andsid nad meile riisi või muud vajalikku ja ma olin selle eest tänulik. Samuti võtsin ma neil rasketel aegadel Isanda vastu ja sain Taeva kohta teada, seega ma olin ka selle eest tänulik. Kui ma meelt muutsin, olin ma tänulik ka haigestumise ja oma naisega kohtumise üle. Kogu mu vihkamine muutus armastuseks.

Vääruse juurde kuuluv hingeline tegevus

Kui teis on vääruse juurde kuuluvat hingelist tegevust, võite te mitte üksnes iseend, aga ka ümbritsevaid inimesi kahjustada.

Vaatame nüüd vääruse juurde kuuluva hingelise tegevuse tavalisi juhtumeid, mis esinevad sageli igapäevaelus.

Esiteks, teiste vääriti mõistmine ja nendest arusaamise või nende aktsepteerimise puudumine.

Inimestes arenevad eri maitsed, väärtused ja millegi õigekspidamise mõisted. Mõnedele inimestele meeldib riietuda säravatesse, unikaalse kujundusega rõivastesse, teistele aga meeldivad lihtsad korraliku kujundusega rõivad. Isegi sama filmi vaadates tundub see mõne jaoks huvitav, aga teistele igav. Nende erinevuste tõttu tunneme me end märkamatult meist väga erinevate teiste inimeste suhtes ebamugavalt. Ühel inimesel on suhtlev avatud isiksus ja ta räägib sellest, mis talle ei meeldi, otseselt. Teine inimene ei väljenda oma tundeid väga hästi ja tal kulub kaua aega millegi otsustamiseks, sest ta mõtleb üksikasjalikult kõik võimalused läbi. Teisest küljest, eelnevalt mainitud inimesele tundub teine aeglane või mitte piisavalt toimekas. Teisalt, viimati mainitu arvab, et eelnevalt mainitud inimene on tormakas ja veidi agressiivne ja tahab teda vältida.

Nii nagu allegoorias, kui inimene ei suuda ega taha teistest aru saada, on tegu vääruse juurde kuuluva hingelise tegevusega. Kui me armastame vaid seda, mis meile meeldib ja me arvame, et vaid see, mis meie arvates õige näib, on õige, ei suuda me tegelikult teisi mõista ega aktsepteerida.

Teiseks, kohtumõistmine.

Kohtumõistmine tähendab kellegi isiku või asja kohta järelduste tegemist meie mõttemallide või tunnete alusel. Mõnel maal on laua ääres einetamise ajal ebaviisakas nina nuusata. Teisel maal peetakse toidu raiskamist ebaviisakaks, aga mujal on toidu taldrikule jätmine aktsepteeritav ja isegi viisakas žest.

Keegi nägi, kuidas teine sõi kätega ja küsis tema käest, kas kätega söömine polnud ebahügieeniline. Teine vastas: „Ma pesen oma käsi, seega ma tean, et see on hügieeniline. Aga ma ei tea kui puhas on see kahvel või nuga. Seega on mu käsi hügieenilisem." Vastavalt meie kasvukeskkonnale ja õpitule on meil isegi samasugustes oludes erinevad tunded ja mõtted. Seega me ei tohiks ebaõige inimliku mõõdupuu alusel õige ja vale üle otsustada.

Mõned langetavad oma otsuse, mõteldes, et teised teevad nii nagu nemad. Vale rääkijad arvavad, et teised teevad samamoodi. Keelepeksu armastajad arvavad, et teised teevad ka niimoodi.

Oletame, et te näete, kuidas mees ja naine, keda te väga hästi tunnete, seisavad koos hotellis. Siis te võite langetada otsuse, mõteldes: „Tõenäoliselt olid nad hotellis koos. Ma arvasin, et nad vaatasid teineteist eriliselt."

Aga tegelikult ei ole teil aimugi, kas too mees ja naine ei

vestelnud hoopis hotelli kohvikus või ehk nad sattusid tänaval kokku. Kui te langetate nende suhtes mingi otsuse või mõistate neid hukka ja levitate taolist ka teistele, võivad need inimesed vale kuulujutu põhjal kannatada suurt ülekohut, sattuda ebasoodsasse olukorda või kaotust kanda.

Samuti tulenevad kohtumõistmisest sobimatud vastused. Kui küsida sageli tööle hilinevalt inimeselt: „Mis ajal sa täna tööle tulid?", võib ta vastata: „Ma ei hilinenud täna." Te küsisite temalt vaid, mis ajal ta tuli, aga ta arvas eneseteadlikult, et te mõistsite tema üle kohut ja vastas täiesti sobimatult.

1. Korintlastele 4:5 kirjutatakse: „Nõnda siis ärge mõistke kohut enne õiget aega, enne kui tuleb Isand, kes toob valguse ette pimedusse varjunud asjad ning teeb avalikuks inimsüdamete kavatsused; ja siis saab igaüks kiituse Jumalalt."

Maailmas on väga palju kohtumõistmist ja hukkamõistu, mitte ainult üksikisiku tasemel, aga ka perekondlikul, ühiskondlikul, poliitilisel ja isegi maade tasemel. Niisugune kurjus põhjustab vaid riidu ja tekitab kurbust. Inimesed elavad ulatusliku kohtumõistmisega, aga nad isegi ei mõista seda. Muidugi, vahel võivad nende arvamused ka õiged olla, aga enamasti see pole nii. Isegi kui neil on õigus, on kohtumõistmine iseenesest kuri ja Jumal keelab seda teha, seega me ei peaks kohut mõistma.

Kolmandaks, hukkamõistmine.

Inimesed üksnes ei mõista teiste üle oma mõtetega kohut, vaid nad mõistavad neid ka hukka. Mõned inimesed tunnevad tohutut hingevalu nende kohta Internetis postitatud vaenulike kommentaaride tõttu. Kohtumõistmine ja hukkamõistmine leiavad meie igapäevaelus sageli aset. Kui keegi möödub teid tervitamata, võite te tema üle kohut mõistes pidada teda süüdlaseks teie tahtlikus ignoreerimises. Võib-olla ta ei tundnud teid ära või ehk oli ta mõttes, aga teie lihtsalt läksite ja mõistsite ta oma tunnete alusel hukka.

Sellepärast hoiatatakse meid Jakoobuse 4:11-12:

Ärge halvustage üksteist, vennad! Kui keegi halvustab või arvustab oma venda, siis ta halvustab või arvustab Seadust. Kui sa aga Seadust arvustad, siis sa ei ole Seaduse täitja, vaid kohtunik. Ainult üks on seaduseandja ja kohtunik – Tema, kes võib nii päästa kui hukata. Aga kes oled sina, sa ligimese arvustaja?

Teiste üle kohtumõistmine või nende hukkamõistmine on uhkus, mis paneb inimese Jumala moodi käituma. Niisugused inimesed on end juba hukka mõistnud. Vaimsete asjade üle kohtumõistmine või nende hukkamõistmine on veelgi tõsisem probleem. Mõned inimesed mõistavad Jumala väetegusid või ettehoolet hukka oma mõttemallide ja teadmiste tõttu.

Kui keegi ütleb: „Ma sain palve kaudu ravimatust haigusest terveks!", siis hea südamega inimesed usuvad seda. Aga teised mõistavad öeldut hukka, mõteldes: „Kuidas võib haigusest palve kaudu terveneda? Seda kindlasti ei diagnoositud õieti või ta lihtsalt arvab, et tal hakkas parem." Teised mõistavad teda isegi hukka, öeldes, et ta valetab. Nad mõistavad kohut ja taunivad isegi Piiblisse kirjapandut, kus räägitakse Punase mere avanemisest, päikese ja kuu paigalpüsimisest ja mõru vee magusaks muutumisest, pidades kõike seda lihtsalt müüdiks.

Mõned inimesed ütlevad, et nad usuvad Jumalat ja ometi nad mõistavad Püha Vaimu töö üle kohut ja taunivad seda. Kui inimene ütleb, et ta vaimusilmad avanesid ja ta näeb vaimumaailma või suhtleb Jumalaga, peavad nad seda järelemõtlematult valeks ja müstiliseks. Sellised asjad on Piiblisse kindlalt kirja pandud, aga nemad mõistavad neid asju oma isiklike uskumuste alusel hukka.

Jeesuse ajal oli palju taolisi inimesi. Kui Jeesus tegi hingamispäeval haiged terveks, oleksid nad pidanud keskenduma sellele, et Jeesuse kaudu sai ilmsiks Jumala vägi. Kui see poleks Jumala tahte kohane olnud, poleks Jeesuse kaudu niisugust asja esiteks juhtunudki. Aga variserid mõistsid Jumala Poja Jeesuse üle kohut ja taunisid Teda oma ettekujutuste ja mõttemallide tõttu. Kui te mõistate Jumala tegude üle kohut ja taunite neid, isegi kui te teete seda tõde väga hästi teadmata, on tegu ikkagi tõsise patuga. Te peate olema väga ettevaatlik, sest teile ei anta meeleparanduse võimalust kui te Püha Vaimu vastu lähete, räägite või Teda pilkate.

Neljandaks, väär hingeline tegevus esitab puuduliku või eksliku sõnumi.

Kui me edastame sõnumit, on meil kalduvus sinna panna ka meie oma tundeid ja mõtteid ja seega sõnum moondub. Isegi kui täpselt sama sõnumit edastada, võib esialgselt kavatsetud tähendus näoilmetele ja hääletoonile vastavalt muutuda. Näiteks, isegi kui me kutsume kedagi ja ütleme näiteks „hei!", edastavad seda sõbralikult ja vaikse häälega hüüdmine ja karmi vihase häälega hüüdmine täiesti erineva sõnumi. Pealegi, kui me ei suuda sõnumit täpselt samade sõnadega edastada, vaid muudame seda, kasutades oma sõnu, moondub esialgne tähendus sageli.

Igapäevaelust võib leida niisuguseid näiteid, nagu ka öeldu liialdusi või lühendamist. Vahel muutub kontekst täiesti. Lausest „Kas see pole tõde?" saab „See on tõde, eks ju" ja „Me kavatseme..." või „Võib-olla me...." muutub lauseks „Ilmselt me kavatseme...."

Aga kui meie süda on tõene, ei moonuta me oma mõtlemisega fakte. Kui me saame omakasu otsivast kurjast südamest ja iseloomust vabaks ja vabaneme ebatäpsusest, rutakast kohtumõistmisest ja teiste kohta halvasti rääkimisest, suudame me sõnumit veelgi täpsemalt esitada. Alates Johannese 21:18 räägib Isand Jeesus Peetruse märtrisurmast. Seal öeldakse: „Tõesti, tõesti, ma ütlen sulle, kui sa olid noor, vöötasid sa end ise ning läksid, kuhu sa tahtsid, aga kui sa vanaks saad, siis sa sirutad oma käed välja ja keegi teine vöötab sind ning viib sind, kuhu sa ei taha."

Siis tundis Peetrus huvi selle vastu, mis Johannesest saab ja esitas küsimuse. „Isand, aga kuidas on temaga?" (21. salm) Siis vastas Jeesus: „Kui ma tahan, et ta jääb minu tulekuni – mis see sinusse puutub? Sina järgne mulle!" (22. salm) Kuidas te arvate, et see sõnum edastati teistele jüngritele? Piiblisse on kirja pandud nende sõnad, et see jünger ei sure. Jeesus tahtis öelda, et see polnud Peetruse mure, mis Johannesest saab, isegi kui Johannes oleks Isanda tagasitulekuni elanud. Ent jüngrid edastasid täiesti eksliku sõnumi, lisades sellele oma mõtted.

Viiendaks, negatiivsed tunded või ebasõbralik suhtumine

Kuna me tunneme lihalikke halbu tundeid nagu pettumus, uhkuse tõttu haavatasaamine, armukadedus, vihastumine ja vaenulikkus, on meis hingelist tegevust. Isegi sama sõna puhul, mida me kuuleme, erineb me reaktsioon vastavalt meie tunnetele. Oletame, et ettevõtte juhataja ütleb töötaja veale osutades:

„Kas sa ei suuda paremini tööd teha?" Sellises olukorras võtavad mõned inimesed need sõnad tasaselt vastu, naeratavad ja ütlevad: „Jah, ma püüan järgmine kord paremini teha." Aga ülemuse üle nurisejatele võib too märkus tekitada vihatunnet või halvakspanu. Nad võivad mõtelda: „On tal vaja nii halvasti rääkida?" või „Kuidas ta ise teeb? Ta ei tee isegi oma tööd korralikult."

Või ülemus annab teile nõu, öeldes: „Ma arvan, et oleks parem kui te seda osa niimoodi korrigeeriksite." Siis mõned teie seast aktsepteerivad seda lihtsalt ja ütlevad: „Ka see on hea mõte. Tänan nõuande eest" ja arvestavad nõuandega. Teised inimesed, kes on samas olukorras, tunnevad aga ebamugavust ja see haavab nende ego. Nende vihaste tunnete tõttu nad kurdavad vahel ja mõtlevad: „Ma andsin selle töö hästi tegemiseks oma parima, kuidas ta võib nõnda lihtsalt niimoodi öelda? Kui ta on nii võimekas, miks ta ei tee seda ise?"

Piiblist võib lugeda, kuidas Jeesus noomis Peetrust (Matteuse 16:23). Kui Jeesuse ristikandmise aeg saabus, ütles Ta jüngritele, mis sünnib. Peetrus ei tahtnud, et ta Isand nii palju kannataks ja ütles: „Jumal hoidku, Isand! Ärgu seda Sulle sündigu!" (22. salm).

Sel ajal ei püüdnud Jeesus teda trööstida, öeldes: „Ma tean, kuidas sa ennast tunned. Ma olen selle eest tänulik. Aga ma pean minema." Selle asemel Ta noomis teda, öeldes: „Tagane, vastupanija! Sa oled mulle kiusatuseks, sest sa ei mõtle Jumala, vaid inimese viisil" (23. salm).

Kuna pääsemise tee võis patustele avaneda vaid siis kui Jeesus võttis ristikannatused oma peale, oli selle peatamine sama hea kui Jumala ettehoolde peatamine. Aga Peetrus ei tundnud Jeesuse vastu midagi halba ega nurisenud, sest ta uskus, et Jeesuse räägitul oli teatud tähendus. Niisuguse hea südame tõttu sai Peetrusest hiljem apostel, kes tegi Jumala hämmastavaid väetegusid.

Aga teisest küljest, mis juhtus Juudas Iskariotiga? Matteuse 26. peatükis valas Maarja Petaaniast Jeesuse peale väga kalli lõhnasalvi. Juudas arvas, et tegu oli raiskamisega. Ta ütles: „Selle oleks ju võinud müüa suure raha eest ja raha anda vaestele" (9. salm). Aga tegelikult tahtis ta raha varastada.

Jeesus kiitis siinsega seda, mida Maarja tegi Jumala ettehoolde raames, valmistades Teda Ta matuseks ette. Aga Juudas tundis Jeesuse vastu ikka halbu tundeid ja nurises, kuna Jeesus ei tunnustanud tema öeldut. Lõpuks tegi ta väga suurt pattu, plaanides Jeesust reeta ja Teda maha müüa.

Tänapäeval on paljude inimeste hing tõeväliselt tegev. Aga isegi kui me näeme midagi, ei ole meie hing tegev nii kaua kui sellega ei seostu tunded. Kui me näeme midagi, peaksime me nägemise tasemel peatuma. Me ei tohiks oma mõtteid kasutada, et kohut mõista ja taunida, mis on patt. Et end patust hoida, on parem mitte midagi valet näha ega kuulda. Aga isegi kui me peame väärusega kokku puutuma, võime me ikkagi end headuses hoida kui me mõtted ja tunded on headusest kantud.

3. Pimedus

Saatanal on sama pimeduse vägi, mis on Lutsiferil ja ta ässitab inimesi kurja mõtlema, kurja südamega olema ja kurjalt käituma.

Tegelikult põhjustavad kurjad vaimud vääruse juurde kuuluvat hingelist tegevust. Jumal lubas kurjade vaimude maailmal eksisteerida inimese kasvatamise ettehoolde täitmiseks. Neil on inimese kasvatamise ajal meelevald õhuvallas. Efeslastele 2:2 öeldakse: „...milles te varem käisite selle maailma ajastu viisil, vürsti viisil, kellel on meelevald õhus, vaimu viisil, kes nüüdki on tegev sõnakuulmatute laste seas."

Jumal lasi neil valitseda pimeduse voogu kuni ajani, mil Jumal lõpetab inimese kasvatamise.

Pimedusse kuuluvad kurjad vaimud eksitavad inimesi patustama ja Jumala vastu minema. Neil on samuti range hierarhia. Nende ülem Lutsifer valitseb pimedust, andes käske ja valitsedes kurjasid vaimusid. Lutsiferil on abiks palju teisi olendeid nagu lohemaod, kellel on vägi asju teostada ja nende inglid (viide: Johannese ilmutus 12:7). On ka saatan, kurat ja kurjad vaimud.

Lutsifer, pimedusemaailma valitseja

Lutsifer oli peaingel, kes kiitis Jumalat ilusa hääle ja muusikariistadega. Kui ta nautis kõrget positsiooni ja meelevalda ja oli väga kaua Jumala armastatu, muutus ta lõpuks kõrgiks ja reetis Jumala. Sellest ajast muutus ta ilus väljanägemine võikaks. Jesaja 14:12 öeldakse: „Kuidas sa ometi oled alla langenud taevast, helkjas hommikutäht, koidiku poeg, tükkidena paisatud maha, rahvaste alistaja?"

Tänapäeval sarnanevad inimesed isegi sellest aru saamata oma erakordse soengu ja meigi poolest Lutsiferiga. Maailma trendide ja moe kaudu valitseb Lutsifer inimeste meelt ja mõtteid oma suva kohaselt. Eriti avaldab Lutsifer suurt mõju maailma muusikale.

Ta ässitab inimesi ka patustama ja seadusetusesse kaasaegsete seadmetega, kaasa arvatud arvutitega. Ta petab kurje valitsejaid Jumalale vastu minema. Mõnel maal kiusatakse ametlikult kristlust taga. Kõike seda tehakse Lutsiferi motiveerimise ja ässitamise tõttu.

Lisaks ahvatleb Lutsifer inimesi erinevate nõiduse ja maagia vormidega ja ahvatleb šamaane või maage end kummardama. Ta püüab anda oma parimat, et viia veel üks hing põrgusse ja panna inimesed Jumalale vastu seisma.

Lohemaod ja nende inglid

Lohemaod tegutsevad Lutsiferi valitsuse aluste kurjade vaimude juhtidena. Inimesed peavad lohemadu väljamõeldud loomaks. Aga kurjade vaimude maailmas on lohemaod olemas. Nad on vaimolenditena lihtsalt nähtamatud. Nii nagu lohemadusid harilikult kirjeldatakse, on neil kitsesarved, deemonite silmad ja kariloomade kõrvade sarnased kõrvad. Nende nahka ja nelja jalga katavad soomused. Nad meenutavad veidi hiiglaslikke roomajaid.

Loomise ajal olid lohemadudel pikad ilusad hiilgavad suled. Nad ümbritsesid Jumala trooni. Nad olid Jumala lemmikloomad ja viibisid Jumala lähedal. Neil oli suur vägi ja meelevald ja arvukad keerubid allusid neile. Aga kui nad Jumala Lutsiferiga koos reetsid, muutusid ka nende inglid rikutuks ja seisid Jumalale vastu. Neil lohemadude inglitel on nüüd jõledate loomade väljanägemine. Neil on õhuvalla vägi koos lohemadudega ja nad viivad inimesed pattudesse ja kurjusesse.

Muidugi on Lutsifer kurjade vaimude maailma tipus, aga praktilises mõttes andis ta meelevalla lohemadudele ja nende inglitele, et need võitleksid Jumalale kuuluvate vaimsete olendite vastu ja valitseksid õhuvalda. Lohemaod on kaua aega inimesi peibutanud lohemadude sarnaseid kujusid või mustreid tegema või nikerdama, et inimesed neid kummardaksid. Tänapäeval kummardavad mõned religioonid avalikult lohemadusid ebajumalatena ja on lohemadude valitsuse all.

Johannese ilmutus 12:7-9 räägib lohemadudest ja nende inglitest järgnevat:

Ja taevas tõusis sõda. Miikael ja tema inglid hakkasid sõdima lohega, ning lohe sõdis ja tema inglid. Lohe ei saanud võimust, ja enam ei leidunud neile aset taevas. Suur lohe heideti välja, see muistne madu, keda hüütakse kuradiks ja saatanaks, kes eksitab kogu ilmamaad – ta heideti maa peale ja tema inglid heideti koos temaga.

Lohemaod ässitavad oma inglite kaudu kurje inimesi. Niisugused kurjad inimesed ei hoia end tagasi isegi mõrva ja inimkaubanduse jõledaid kuritegusid tehes. Lohemadude inglitel on 5. Moosese raamatus Jumalale jõledate loomade seas mainitud loomade kujud. Kurjus ilmneb vastavalt loomaliigile erineval moel, sest igal loomal on erinev iseloom, mis on kas metsik, riukalik, räpane või liiderlik.

Lutsifer tegutseb lohemadude kaudu ja lohemadude inglid tegutsevad lohemadudelt saadud korralduste kohaselt. Maapealsega võrreldes on Lutsifer nagu kuningas ja lohemaod on nagu peaminister või sõjaväe komandör, kellel on administratiivvõim ministrite ja sõdurite üle. Kui lohemaod on tegevad, ei saa nad Lutsiferilt iga kord otsest korraldust. Lutsifer on lohemadudesse juba istutanud oma mõtted ja meele ja kui lohemaod teevad seega midagi, toimub see automaatselt Lutsiferi soovide kohaselt.

Saatanal on Lutsiferi süda ja vägi

Kurjad vaimud võivad inimesi mõjustada niipalju kui nende südamed on pimedusest määrdunud, aga deemonid ega kurat ei provotseeri inimesi algusest peale. Esialgu töötab inimeste kallal saatan, siis kurat ja lõpuks deemonid. Lihtsamalt öeldes, saatan on Lutsiferi süda. Sellel pole veel kindlat kuju, see lihtsalt toimub inimeste mõtete kaudu. Saatanal on pimeduse vägi, mis on Lutsiferil ja see paneb inimestesse kurje mõtteid ja meelsuse, mis teeb kurje tegusid.

Kuna saatan on vaimolend (Iiob 16-7), tegutseb ta erinevatel viisidel, inimeses olevate erinevate pimeduse tunnusjoonte kohaselt. Valetajate puhul tegutseb see petva vaimuga (1. Kuningate raamat 22:21-23). Lahkmeele tekitamise armastajate puhul, kes pööravad ühe poole teise vastu, tegutseb see niisuguse vaimuga (1. Johannese 4:6). Räpaste liha tegude armastajate puhul tegutseb see rüveda vaimuga (Johannese ilmutus 18:2).

Nii nagu selgitatud, on Lutsiferil, lohemadudel ja saatanal erinevad rollid ja kujud, aga neil on üks meel ja mõtlemine ja üks vägi kurja tegemiseks. Vaatame nüüd, kuidas saatan tegutseb inimeste kallal.

Saatan on nagu õhus leviv raadiolaine. Ta levitab oma meelsust ja väge pidevalt õhuvallas. Ja samamoodi nagu raadiolainet võitakse kinni püüda selleks häälestatud antenniga, saavad saatana mõtteid ja pimeduse väge vastu võtta need, kes on selleks valmis. Antenniks on siin vale, inimeste südames olemasolev pimedus.

Näiteks võib südames olev vihkamise loomus toimida antennina, mis võtab vastu saatana poolt õhus levitatud raadiolaine. Saatan paneb pimeduse väe inimeste mõtetesse niipea kui saatana loodud pimeduse raadiolaine ja inimsüdames olev vale on samal lainel ja kohtuvad. Selle kaudu tugevneb vale süda ja aktiveerub. Siis me ütleme, et inimene „on saatana tegudele vastuvõtlik" või kuulab saatana häält.

Kui nad kuulevad niimoodi saatana häält, patustavad nad oma mõtetes ja teevad lisaks patutegusid. Kui niisugune kuri loomus nagu vihkamine või kadedus on saatana tegudele vastuvõtlik, soovib see teistele kahju teha. Kui see areneb kaugemale, võivad need inimesed isegi tapmise pattu teha.

Saatan tegutseb mõttekanali kaudu

Inimestel on tõene ja vale süda. Kui me võtame Jeesuse Kristuse vastu ja meist saavad jumalalapsed, tuleb Püha Vaim meie südamesse ja liigutab meie tõest südant. See tähendab, et me kuuleme oma südames Püha Vaimu häält. Vastupidi, saatan tegutseb välispidiselt ja vajab seega inimsüdametesse tungimiseks kanalit. Selleks kanaliks on inimeste mõtted.

Inimesed võtavad vastu seda, mida nad näevad, kuulevad ja õpivad oma tunnetega ja talletavad selle oma meelde ja südamesse. Õiges olukorras või õigetes oludes taastatakse need mälestused „mõtte" kujul. Mõtted erinevad vastavalt tunnetele, mis teil millegi mällu talletamise ajal olid. Isegi täpselt sama olukord talletub mõnedel inimestel vaid tõega kooskõlas ja neil on tõesed mõtted, kuna vääruse talletamisel on tegu väärade mõtetega.

Suuremale osale inimestest ei õpetata Jumala Sõna tõde. Sellepärast on nende südames palju rohkem vale kui tõde. Saatan motiveerib ja ässitab niisuguseid inimesi vääralt mõtlema. Seda peetakse „lihalikuks mõtlemiseks." Kui inimesed on saatana mõtetele vastuvõtlikud, ei saa nad Jumala Seadusele kuuletuda. Patt orjastab neid ja nad lõpetavad surmaga (Roomlastele 6:16, 8:6-7).

Kuidas saatan hakkab inimsüdameid valitsema?

Üldiselt tegutseb saatan väliselt inimmõtete kanalite kaudu, aga on ka erandeid. Näiteks, Piiblis öeldakse, et saatan sisenes Juudas Iskarioti sisse, kes oli üks Jeesuse kaheteistkümnest jüngrist. Siin tähendab saatana „temasse minek", et ta oli pidevalt saatana tegudele vastuvõtlik ja andis lõpuks kogu oma südame saatanale. Sedaviisi sai saatan ta täielikult oma küüsi.

Juudas Iskariot koges Jumala hämmastavat väge ja kui ta järgis Jeesust, õpetati teda headusega, aga kuna ta ei vabanenud ahnusest, varastas ta Jumala raha rahakassast (Johannese 12:6). Ta taotles ahnelt ka suurt au ja väge kui Messias Jeesus oleks maapealse valitsuse üle võtnud. Aga tegelikkus oli tema ootustest erinev, seega ta lasi saatanal ühekaupa oma mõtted üle võtta. Lõpuks võttis saatan kogu ta südame oma valdusse ja ta müüs oma Isanda kolmekümne hõbetüki eest. Me ütleme, et saatan on kellessegi läinud kui ta valitseb inimsüda täielikult.

Apostlite tegudes 5:3 ütles Peetrus, et saatan oli täitnud Hananiase ja Safiira südame ja nad varjasid osa müügist saadud raha ning valetasid Pühale Vaimule.

Peetrus ütles seda, kuna eelnevalt oli palju sarnaseid olukordi. Seega tähendavad väljendid „saatan sisenes" või „saatanast täidetud", et nende inimeste südame olemuses on saatan ja nad muutuvad ise tema sarnaseks. Vaimusilmadega nähes paistab saatan nagu tume udu. Pimeduse energia, mis on tumeda suitsu sarnane, ümbritseb inimesi, kes võtavad suurel määral saatana tegusid vastu. Selleks, et saatana tegusid mitte vastu võtta, tuleb meil esiteks kõik valed mõtted ära lõigata. Pealegi tuleb meil endast väär süda välja juurida. See tähendab põhimõtteliselt, et meil tuleb eemaldada antenn, mis võib saatana „raadiolaineid" vastu võtta.

Kurat ja deemonid

Kurat moodustab osa Lutsiferiga moraalselt rikutud ingleid. Erinevalt saatanast, on nad teatud kujuga. Tumedas kujus on nägu, silmad, nina, kõrvad ja suu nagu inglitelgi. Neil on ka käed ja jalad. Kurat paneb inimesi pattu tegema ja toob neile erinevaid läbikatsumisi ja katsumusi.

Aga see ei tähenda, et kurat läheb inimestesse seda tegema. Saatana juhatusel valitseb kurat inimesi, kes on andnud oma südame pimedusele ja paneb nad tegema vastuvõetamatuid kurje tegusid. Aga vahel valitseb kurat otseselt teatud inimesi, kes on tema töövahenditeks. Need, kes on oma vaimu kuradile müünud, nagu nõiad ja maagid, on kuradi valitsuse alused ja tegutsevad tema töövahenditena. Nad panevad ka teised inimesed kuratlikke asju tegema. Seega, Piiblis öeldakse, et patutegijad kuuluvad kuradile (Johannese 8:44; 1. Johannese 3:8).

Johannese 6:70 öeldakse: „Jeesus vastas neile: „Eks ma ole teid kahtteistkümmend välja valinud, ent üks teie seast on kurat." Jeesus rääkis Juudas Iskariotist, kes müüs hiljem Jeesuse maha. Niisugune inimene, kellest sai patu ori ja kellel pole pääsemisega midagi ühist, on kuradi laps. Kui saatan sisenes Juudasesse ja valitses ta südant, tegi ta kuradi tegusid, müües Jeesuse maha. Kurat on nagu keskklassi juht, kes saab saatana käest juhised ja tekitab paljusid deemoneid valitsedes inimestele paljusid haigusi ja valusid ning viib nad üha suuremasse kurjusesse.

Saatanal, kuradil ja deemonitel on hierarhia. Nad teevad väga tihedat koostööd. Esiteks tegutseb saatan inimeste valede mõtete ajel, mis avavad kuradile tegutsemiseks tee. Siis hakkab kurat tegutsema inimeste kallal, et panna neid liha tegusid ja muid kuradi tegusid tegema. See on saatan, kes tegutseb mõtete läbi ja see on kuradi töö, mis paneb inimesed neid mõtteid tegudeks tegema. Lisaks, kui kurjad teod lähevad üle teatud piiri, sisenevad deemonid peagi taolistesse inimestesse. Kui deemonid lähevad inimestesse, kaotavad nad oma vaba tahte ja saavad otsekui deemonite mängukannideks.

Piiblis öeldakse vihjamisi, et deemonid on kurjad vaimud, aga nad erinevad langenud inglitest või Lutsiferist (Laul 106:28; Jesaja 8:19; Apostlite teod 16:16-19; 1. Korintlastele 10:20). Deemonid olid kunagi vaimu, hinge ja ihuga inimolendid. Mõned maa peal elavad inimesed, kes surevad pääsemata, tulevad maa peale tagasi teatud spetsiaalsetes tingimustes ja nad on deemonid. Enamikul inimestest puudub kurjade vaimude maailmast selge ettekujutus. Aga kurjad vaimud püüavad viia lihtsalt veel üht inimest hävingu teele kuniks saabub Jumala seatud viimane päev.

Sel põhjusel öeldakse 1. Peetruse 5:8: „Olge kained, valvake! Teie süüdistaja, kurat, käib ringi nagu möirgav lõvi, otsides, keda neelata." Ja Efeslastele 6:12 öeldakse: „Meil ei tule ju võidelda inimestega, vaid meelevaldade ja võimudega, selle pimeduse maailma valitsejatega, kurjade taevaaluste vaimudega."

Me peame alati olema valvsad ja kaine vaimuga, sest me ei saa hoiduda surma teele sattumast, kui me elame pimeduse jõudude juhatuse kohaselt.

2. peatükk
Minaolemus

Eneseõigus moodustub kui meile õpetatakse maailma valet tõe pähe. Eneseõiguse moodustamisega luuakse mõtlemine. Seega on moodustunud mõttemaailm inimese eneseõiguse süstemaatiline vormivõtt.

Inimese „minaolemuse" kujunemine

Eneseõigus ja mõttemallid

Tõese hinge toimingud

Ma suren igapäevaselt

See oli enne Isanda vastuvõtmist. Ma võitlesin igapäevaselt haigustega ja mu ainus meelelahutus oli sõjakunsti käsitlevate romaanide lugemine. Neis lugudes räägitakse tavaliselt kättemaksust. Tüüpiline sündmustik oleks järgmine: vaenlased tapsid kangelase vanemad tema mudilaseas. Majateenija abil pääses ta vaevu verevalamisest. Ta kohtus üles kasvades sõjakunstide meistriga. Siis sai temast sõjakunstide meister ja ta tasus vaenlasele oma vanemate surma eest kätte. Nendes romaanides peetakse tasumist õiglaseks ja kangelaslikuks, isegi kui riskida oma elu kaotamisega. Aga Piiblis õpetab Jeesus niisugusest maailmalikust õpetusest väga erinevalt.

Jeesus õpetab Matteuse 5:43-45: „Te olete kuulnud, et on öeldud: „Armasta oma ligimest ja vihka oma vaenlast! Aga mina ütlen teile: Armastage oma vaenlasi ja palvetage nende eest, kes teid taga kiusavad, et te saaksite oma taevase Isa lasteks – Tema laseb ju oma päikest tõusta kurjade ja heade üle ning vihma sadada õigete ja ülekohtuste peale!"

Ma elasin head ja ausat elu. Suurem osa inimestest oleks

öelnud, et ma olin niisugune inimene, kes „ei vajanud seadust".
Aga pärast Isanda vastuvõtmist ja äratuskoosolekul kuulutatud
Jumala Sõna valgel enese peale mõtlemist, sain ma aru, et mu
elulaadis oli palju valesid asju. Ma tundsin nii suurt häbi, sest
ma sain aru, et keel, mida ma kasutasin, mu käitumine, mõtted
ja isegi mu südametunnistus olid valed. Ma parandasin Jumala
ees põhjalikult meelt, kui ma sain aru, et ma olin elanud elu, mis
polnud sugugi õige.

Sellest ajast saadik püüdsin ma oma eneseõigust ja mõttemalle
mõista ja lammutada. Ma salgasin enne kujunenud „ego" ja
pidasin seda eimillekski. Piiblit lugedes kujundasin ma oma
„minaolemuse" tõe alusel teiseks. Ma paastusin ja palvetasin
lakkamata, et oma südames olevast valest vabaneda. Selle
tulemusel tundsin ma, et ma olin oma kurjusest vabanenud ja
hakkasin kuulama Püha Vaimu häält ja Tema juhatust.

Inimese „minaolemuse" kujunemine

Kuidas inimeste süda kujuneb ja väärtused rajatakse? Esiteks
on pärilikud tegurid. Lapsed on oma vanemate sarnased. Nad
pärivad oma vanemate välimuse, kombed, isiksuse ja muud
geneetilised iseärasused. Koreas öeldakse, et me saame „vanemate
vere". Aga see pole tegelikult veri, vaid eluenergia ehk „chi".
„Eluenergia" tähendab ihusse tuleva energia kristalle. Ma tean
ühte perekonda, kus pojal on huulte kohal suur sünnimärk. Tema
emal oli samasugune sünnimärk samas kohas, aga ta lasi selle
kirurgiliselt eemaldada. Isegi pärast ema sünnimärgi eemaldamist

pärandus see pojale edasi. Inimolendite spermas ja munarakkudes on eluenergia. Neis pole vaid füüsiline väljanägemine, vaid ka isiksus, temperament, intelligents ja harjumused. Kui isa eluenergia on eostumise ajal tugevam, sarnaneb laps rohkem isale. Kui ema eluenergia on tugevam, sarnaneb laps rohkem emale. See teeb iga lapse südame erinevaks.

Samuti õpib inimene kasvades ja täiskasvanuks saades palju asju ja needki saavad osaks tema südamest. Minaolemus hakkas inimestes moodustuma umbes viiendast eluaastast alates nähtu, kuuldu ja õpitu alusel. Umbes kaheteistkümne aasta vanuselt moodustuvad otsustusstandardite väärtused. Umbes kaheksateistkümne aastaselt muutub inimese „minaolemus" veelgi tugevamaks. Aga probleem on selles et me peame palju valesid asju õigeks ja mäletame neid tõestena.

Selles maailmas õpitakse palju valesid asju. Muidugi õpitakse koolis palju elu jaoks kasulikke ja vajalikke asju, aga seal õpetatakse ka asju, mis pole tõesed, nagu Darwini evolutsiooniõpetus. Kui vanemad õpetavad oma lapsi, õpetavad nad neile ka valesid asju tõe pähe. Oletagem, et laps oli väljas ja teine laps või lapsed peksid teda. Vanemad võivad nördinult öelda midagi sarnast: „Sa sööd päevas kolm korda nagu teisedki lapsed ja peaksid olema tugev, miks sa siis tappa said? Kui nad sind korra löövad, löö sina kaks korda vastu! Kas sul pole käsi ja jalgu nagu kõigil teistel lastel? Sa pead õppima enese eest seisma."

Isegi siis kui sõbrad lapsi peksavad, koheldakse lapsi halvustavalt. Aga missugune südametunnistus areneb neis lastes? Nad tunnevad end tõenäoliselt lollpeadena ja arvavad, et on vale end lüüa lasta. Kui teised neid korra löövad, arvavad nad, et neil on õigus kaks korda tagasi lüüa. Teiste sõnadega, nad sisestasid endisse hea pähe kurja.

Kuidas õpetavad oma lapsi tõde järgivad vanemad? Nad kontrollivad olukorda ja õpetavad headuse ja tõega, et neil oleks rahu. Nad ütlevad taolist: „Kallis, püüa neist lihtsalt aru saada? Ja vaata, kas sa äkki ei teinud midagi valesti. Jumal ütleb, et me võidaksime kurja heaga."

Kui lastele õpetatakse igas olukorras vaid Jumala Sõna, suudavad nad head ja õiget südametunnistust omale saada. Aga enamasti vanemad õpetavad lastele väärust ja valet. Kui vanemad valetavad, valetavad ka lapsed. Oletame, et telefon heliseb ja tütar vastab. Ta katab telefonitoru käega, et helistaja ei kuuleks ja ütleb: „Isa, onu Tom tahab sinuga rääkida." Siis ütleb isa tütrele: „Ütle, et mind pole kodus."

Tütar küsib isa arvamust enne talle telefoni üleandmist, kuna niisugune sündmus juhtus minevikus sageli. Inimestele õpetatakse kasvamise ajal palju valesid asju ja tagatipuks arenevad need valed asjad kohtumõistmise ja hukkamõistuga oma tunnete baasilt. Niimoodi moodustub vale südametunnistus.

Lisaks on enamus inimesi enesekesksed. Nad järgivad vaid

omakasu ja arvavad, et neil on õigus. Kui teiste kavatsused või mõtted ei ühti nende ettekujutusega, peavad nad teisi ekslikeks. Aga ka teised arvavad samamoodi. Kui igaüks mõtleb niimoodi, on raske ühele meelele jõuda. Sama kehtib ka lähedaste inimeste nagu näiteks abielumehe ja -naise või vanemate ja laste kohta. Enamuse „minaolemus" moodustub niimoodi ja seega ei tohiks keegi toonitada, et ainult tema „minaolemusel" on õigus.

Eneseõigus ja mõttemallid

Paljude inimeste otsustusstandardid ja väärtussüsteemid moodustuvad hinge valede toimingute alusel. Järelikult elavad nad oma eneseõiguse ja mõttemallidega. Lisaks moodustub see eneseõigus maailmast vastu võetud valedega, mida nad peavad tõeks. Niisuguse minaolemusega inimesed ei pea oma standardite tõttu vaid iseend õigeks, aga püüavad oma eneseõigusega ka oma arvamusi ja uskumusi teistele peale sundida.

Paadudes muutub eneseõigus mõttemallideks. Teiste sõnadega, mõttemallid on inimese eneseõiguse süstemaatiliselt moodustunud struktuur. Need mõttemallid on kujunenud igaühe isiksuse, maitse, kommete, teooriate ja mõtete alusel. Kui te rõhutate vaid ühte arvamust olukorras, kus mõlemad arvamused on õiged ja kui see arvamus kinnistub, saab see mõttemalliks. Siis areneb kalduvus olla viisakam ja vastuvõtlikum nende suhtes, kellel on sarnased eesõigused, isiksused või eelistused, kuid on ka kalduvus olla vähem sallivam nendega, kes teiega ei nõustu. See on niimoodi isiklike mõttemallide tõttu.

Niisugused mõttemallid võivad meie igapäevaelus erineval moel avalduda. Vastabiellunud paar võib tühiste asjade üle tülitseda. Abikaasa arvab, et on õige hambapastat põhjast pigistada, aga naine pigistab seda tuubi suvalisest kohast. Kui üks rõhutab oma antud olukorras, tekkib konfliktne olukord. Konfliktid tekivad nende erinevatest harjumustest tekkinud mõttemallidest.

Oletame, et ettevõttes on töötaja, kes teeb kogu töö ise, ilma igasuguse kõrvalise abita, ära. Mõnel inimesel on harjumus kõik ise ära teha, sest nad kasvasid rasketes oludes ja pidid üksi tööd tegema. Seega, kui inimest kõrgiks või enesekeskseks pidada, on samuti tegu ebaõige otsustusega.

Enamasti on inimese eneseõigsus ja mõttemallid tõe valgel puudulikud. Viga tuleb valest südamest, mis ei teeni teisi ja taotleb omakasu. Isegi usklikel on eneseõigus ja mõttemallid, mille olemasolust nad pole isegi teadlikud.

Nad arvavad, et nad kuulevad Jumala Sõna ja on pattudest mingil määral vabanenud ja teavad tõde. Selle teadmisega näitavad nad oma eneseõigust. Nad mõistavad teiste usuelu elamise üle kohut. Nad võrdlevad ka endid teistega ja peavad end neist paremaks. Mingil ajal nägid nad teistes ainult head, aga hiljem nad muutusid ja näevad nüüd vaid puudusi. Nad toonitavad ainult endi arvamusi, aga ütlevad, et nad tegid niimoodi „jumalariigi heaks".

Mõned inimesed räägivad, otsekui nad teaksid kõike ja oleksid õiged. Nad räägivad alati teiste inimeste puudujääkidest ja mõistavad nende üle kohut. See tähendab, et nad ei näe oma puudusi, vaid üksnes teiste omi. Enne kui tõde meid täiesti muudab, on meil kõigil eneseõigus ja meis arenevad välja mõttemallid. Meie valelik hing tegutseb tõepärase tegevuse asemel meis oleva kurjusega võrdeliselt. Selletõttu mõistame me teiste üle kohut ja taunime neid oma eneseõiguse ja mõttemallide kohaselt. Vaimselt kasvamiseks tuleb meil kõiki oma mõtteid ja teooriaid eimillekski pidada. Me peame hävitama oma eneseõiguse ja mõttemallid ja tõese hingega tegutsema.

Tõese hinge toimingud

Me võime vaimselt kasvada ja Jumala tõelisteks lasteks muutuda kui me muudame oma hinge valed toimingud tõesteks. Seega, mida meil tuleb teha, et tegutseda tõese hingega?

Esiteks tuleb meil kõike eristada ja asju eraldada tõe standardi alusel.

Inimestel on erinev südametunnistus ja maailma standardid erinevad ka vastavalt ajale, kohale ja kultuurile. Isegi kui õigesti tegutseda, võivad erinevate väärtustega teised inimesed seda valeks pidada. Inimeste väärtused ja vastuvõetav käitumine moodustub erinevas keskkonnas ja eri kultuurides ja seega me ei või teiste üle oma standardite alusel kohut mõista. Ainus lõplik standard, mille alusel õiget väärast ja tõde valest eristada, on Jumala Sõna, mis kehastab tõde.

Nende asjade seas, mida maailma inimesed peavad õigeks ja kohaseks, on Piibliga kooskõlas olev, aga ka palju muid asju, mis seda pole. Oletame, et üks teie sõpradest sooritas kuriteo, aga teist inimest süüdistati vääralt. Sel juhul arvab valdav enamus, et sõbra süü teatavaks tegemine ei ole õige. Aga kui te vaikite, teades, et vääralt süüdistatu on süütu, ei saa teie tegu Jumala silmis kunagi õigeks pidada.

Enne Jumalasse uskumist ütlesin ma tavaliselt kui ma pidin einestamise ajal kellegi koju minema ja minu käest küsiti, kas ma olin juba söönud: „Jah, ma olen juba söönud." Ma ei pidanud seda kunagi valeks, sest ma ütlesin seda teise inimese heaks. Aga vaimses mõttes võib see Jumala ees pahe olla, sest see pole tegelikult õige, kuigi tegu pole patuga. Pärast sellest aru saamist kasutasin ma teisi väljendeid nagu näiteks: „Ei, ma ei ole söönud, aga ma hetkel ei taha süüa."

Kõige tõe valgel eristamise jaoks tuleks meil tõesõna kuulata ja õppida ja seda oma südames hoida. Me peaksime lugema Piiblit ja vabanema selle maailma valega moodustunud valestandarditest. Hoolimata sellest, kui tark miski maailma arvates ka poleks, me peame sellest vabanema, kui see läheb Jumala Sõna vastu.

Teiseks, hinge tõese tegevuse jaoks peavad meie tunded ja emotsioonid olema tõesed.

See, kuidas me enesesse asju sisestame, etendab tõepärase tundmise püüdluses tähtsat osa. Ma nägin, kuidas ema tõreles lapsega, öeldes talle: „Kui sa niimoodi teed, riidleb pastor sinuga!" Ta paneb lapsesse mõtte, et pastor on hirmuäratav. Niisugune laps on kartlik ja väldib suuremaks saades pastorit, selle asemel et tema lähedal olla.

Kaua aega tagasi nägin ma stseeni filmist. Tüdruk oli elevandi vastu väga sõbralik ja elevant keeras oma londi tüdruku kaela ümber. Ühel päeval tuli tüdruku magamise ajal mürgimadu ja keeras ennast ta kaela ümber. Kui ta oleks teadnud, et tegemist oli mürgimaoga, oleks ta kartnud ja kabuhirmu tundnud. Aga ta silmad olid magades suletud ja ta arvas, et see oli lihtsalt elevandi lont. Seega ta polnud sugugi üllatunud. Selle asemel tundis ta, et tegu oli sõbraliku teoga. Tunded erinevad vastavalt mõtetele.

Tunded erinevad vastavalt meie mõtlemisele. Inimesed, keda tülgastavad tõugud, ussikesed või sajajalgsed, naudivad kana meeldivat maitset, kuigi kanad söövad taolist. Me näeme, kuidas meie tunded sõltuvad vahel meie mõtetest. Hoolimata sellest, missugust inimest me näeme ja missugust tööd me teeme, me peaksime hästi mõtlema ja tundma.

133

Eelkõige peame me kõigis olukordades hästi mõtlemise ja tundmise jaoks alati vaid head nägema, kuulama ja sisestama. See kehtib eriti tänapäeval, mil me võime massimeedia või Interneti kaudu igasugust näha. Tänapäeval oleme me enam kui kunagi varem ajaloos valdavalt ümbritsetud suuremast kurjusest, õelusest, vägivallast, petmisest, enesekesksusest, riukameelsusest ja reetmisest. Tões olemiseks on parem neid asju võimalikult vähe näha, kuulda või sisestada. Aga isegi kui me nende asjadega silmitsi seisma peame, võime me neid asju tõe ja headusega enesesse sisestada. Te küsite: „Kuidas?"

Näiteks need, kes kuulevad noorena õuduslugusid deemonitest või vampiiridest, tunnevad nende suhtes õudust, eriti siis kui nad seisavad pärast õudusfilmi vaatamist üksinda pimedas. Nad värisevad või tunnevad hirmu kui nad kuulevad mingit imelikku heli või näevad kummalisi varje. Kui nad on üksinda, võib juhtuda midagi väga väikest, mis tekitab neis hirmu tõttu šoki.

Aga kui me elame valguses, kaitseb Jumal meid ja kurjad vaimud ei saa meisse puutuda. Selle asemel kardavad ja värisevad nemad meist lähtuva vaimuvalguse tõttu. Kui me seda tõsiasja mõistame, võime me oma tundeid muuta. Me saame südamest aru, et kurjad vaimud pole hirmuäratavad olendid, seega me võime ka teisiti tunda. Kuna me võime kord pimeduse maailma alistada, võime me isegi deemonite ilmumise korral nad lihtsalt Jeesuse Kristuse nimel ära ajada.

Vaatleme veel ühte juhtumit, kus inimestel on ebaõiged tunded. Ma olin koguduseliikmetega umbes 20 aasta eest palverännakul. Kreeka staadionil oli alasti mehe kuju. Sellele graveeritud kirjas räägiti füüsiliste harjutuste ja sportimise ergutamisest tervete inimeste jaoks, kes on terve rahva aluseks. Siis võisin ma näha teiste Euroopa maade turistide ja meie koguduseliikmete vahet.

Mõned naisliikmed pildistasid kuju esist probleemideta, aga teised naised punastasid. Nad vältisid seda kohta, otsekui nad oleksid näinud midagi, mida nad poleks pidanud nägema. Nad punastasid kuju juures sellepärast, et neil oli abielurikkuja meel. Nad tunnevad end alastuse suhtes ebasündsalt ja alasti mehe kuju nähes tabas neid taoline tunne. Niisugused inimesed võivad isegi kohut mõista nende üle, kes taolist kuju lähedalt vaatleb. Aga Euroopa turistidel ei olnud täheldada ebamugavustunnet ega mingit taolist tunnet. Nad vaatasid kuju ja hindasid seda, kuna tegu oli suurepärase meistriteosega.

Sel juhul ei tohiks keegi Euroopa turistide üle kohut mõista ja neid häbituks pidada. Kui me mõistame erinevaid kultuure ja muudame valed tunded tõesteks, ei pea me tundma piinlikkust ega häbi. Aadam elas alasti, kui tal puudusid liha kohta teadmised, sest tal polnud abielurikkujat meelt ja seega oli niisugune eluviis palju ilusam.

Kolmandaks, hinge tõese tegevuse jaoks ei tohiks me asju vaid enda perspektiivist vastu võtta, vaid peaksime arvestama ka teiste inimeste vaatenurka.

Kui asju ja olukordi ainult oma vaatenurgast, kogemusepagasist ja mõtteviisist tunnustada, tekib palju hinge vale tegevust. Tõenäoliselt te kas lisate teiste sõnadele või võtate neist midagi ära vastavalt te oma mõtetele. Te võite vääriti mõista, kohut mõista, hukka mõista ja halbadele tunnetele asu anda.

Oletame, et õnnetuses viga saanud inimene kurdab väga palju valu tõttu. Need, kes pole niisugust valu kogenud või suure valutaluvusega inimesed võivad arvata, et inimene õiendab tühiasja tõttu. Kui te tunnistate teiste inimeste sõnu oma vaatenurga ja kogemuste alusel, on teis hinge vale tegevus. Kui te üritate teise inimese vaatenurka näha, suudate te temast ja tohutust valust, mida ta tunneb, aru saada.

Kui te saate lihtsalt teise inimese olukorrast aru ja tunnustate teda, on teil rahu kõigiga. Teil pole vaja vihata ega omada midagi ebamugavat. Isegi kui te kannatate teise inimese tekitatud vigastuse või halva saatuse tõttu, kui te esiteks tema peale mõtlete, ei vihka te teda, vaid armastate ikkagi ja halastate tema peale. Kui te teate meie eest risti löödud Jeesuse armastust ja Jumala armu, võite te ka oma vaenlasi armastada. Stefanosega oli niimoodi. Isegi kui ta süütult kividega surnuks visati, ei vihanud ta end kividega pildujaid, vaid palvetas nende eest.

Aga vahel võime me leida, et hinge tõese tegevuse omamine pole nii lihtne kui me sooviksime. Seega peame me alati oma sõnu ja tegusid valvama ja püüdma oma hinge vale tegevust tõeseks muuta. Meil võib Jumala armust ja jõust ja Püha Vaimu abiga olla hinge tõene tegevus kui me palvetame ja jätkame oma püüdlusi.

Ma suren igapäevaselt

Kunagi kiusas apostel Paulus kristlasi taga, sest tal oli tugev eneseõigus ja mõttemallid. Aga pärast Isandaga kohtumist sai ta aru, et tema eneseõigus ja mõttemallid polnud õiged ja ta alandus nii palju, et ta pidas kõike varasemat rämpsuks. Alguses heitles ta oma südames, mõistes, et temas oli kurjust, mis võitles head teha tahtva poolusega (Roomlastele 7:24).

Aga ta tunnistas tänades ja uskudes, et elu Vaimu seadus ja Püha Vaim, kes oli Kristuses Jeesuses, tegi ta vabaks patu ja surma käsust. Ta ütles Roomlastele 7:25: „Aga tänu olgu Jumalale meie Isanda Jeesuse Kristuse läbi! Niisiis, ma teenin mõistusega küll Jumala Seadust, kuid oma loomusega patu seadust" ja 1. Korintlastele 15:31: „Ma suren iga päev, nii tõesti kui teie, vennad, olete mu kiitlemine, mis mul on Kristuses Jeesuses, meie Isandas!"

Ta ütles: „Ma suren iga päev" ja see tähendas, et ta lõikas oma südame igapäevaselt ümber. Ta vabanes nimelt eneses olevast väärusest nagu näiteks uhkusest, eneseõiguse maksmapanekust, vihkamisest, kohtumõistmisest, vihast, kõrkusest ja ahnusest.

Nii nagu ta tunnistas, ta vabanes neist, võideldes nende vastu verevalamiseni. Jumal andis talle armu ja jõudu ja Püha Vaimu abiga muutus ta vaiminimeseks, kelle hing oli vaid tõeselt tegev. Lõpuks sai temast vägev apostel, kes levitas evangeeliumi paljude tunnustähtede ja imetegudega.

3. peatükk
Liha puudutav

Mõned inimesed teevad kadeduse, armukadeduse, kohtumõistmise, hukkamõistmise ja abielurikkumise pattu oma mõtetes. Need pole välispidiselt nähtavad, aga inimesed teevad niisuguseid patte, sest neis on patused omadused.

Liha ja ihu teod

„Liha on nõder" tähendus

Liha puudutav: mõttepatud

Lihahimu

Silmahimu

Elukõrkus

Surnud vaimuga inimese hing saab ta isandaks ja hakkab kogu ta ihu valitsema. Oletame, et te olete janus ja tahate juua. Siis käsib hing kätel võtta klaas ja see suu juurde viia. Aga kui keegi solvab teid sel ajahetkel ja te vihastute, võite te tahta klaasi puruks lüüa. Milline hinge tegevus see on?

See juhtub kui saatan ässitab liha juurde kuuluvat hinge. Inimesed saavad vaenlase kuradi ja saatana töid aktsepteerida neis oleva väärusega võrdeliselt. Kui nad võtavad vastu saatana teod, hakkavad nad valesid mõtteid mõtlema ja kui nad võtavad vastu kuradi teod, teevad nad valesid tegusid.

Mõte vihahoos klaas lõhki lüüa tuli saatanalt ja kui jätkata ja klaas tegelikult lõhki lüüa, on tegu kuradi teoga. Mõtet kutsutakse „lihalikuks asjaks" ja tegu „liha teoks". Põhjus, miks me tegutseme hingest ja teeme valesid tegusid, seisneb Aadama langemisest alates meisse istutatud patuloomuses ja sellega ühendatud inimkehas.

Liha ja ihu teod

Roomlastele 8:13 öeldakse: „Sest kui te oma loomuse järgi elate, siis te surete; kui te aga Vaimu abil ihu teod suretate, siis te elate."

Siin tähendab „te surete", et te seisate silmitsi igavese surmaga, mis on põrgu. Seega „liha" ei tähenda vaid meie füüsilist ihu. Sellel on vaimne tähendus.

Järgmiseks öeldakse, et kui me Vaimu abil ihu teod suretame, siis me elame. Kas see tähendab, et me peame vabanema ihu tegudest nagu istumine, lamamine, söömine ja nii edasi? Muidugi mitte! Siin tähistab „ihu" kesta või astjat, kust lekib välja Jumalalt saadud vaimne teadmine. Selle vaimse tähenduse mõistmiseks tuleb meil teada saada, missugune olend oli Aadam.

Kui Aadam oli elav vaim, oli ta ihu väärtuslik ja kadumatu. Ta ei vananenud ja ta ei saanud surra ega hukkuda. Tal oli särav, ilus vaimne ihu. Ka tema käitumine oli iga maapealse ülla inimese käitumisest väärikam. Aga siis tuli temasse patt ja patu tulemusel muutus ta ihu väärituks ihuks, mis ei erinenud loomade omast.

Lubage mul tuua allegoorianäide. Kui tassis on vedelik, võib tassi võrrelda meie ihuga ja vedelikku vaimuga. Samal tassil võivad olla eri väärtused, sõltuvalt selles oleva vedeliku liigist. Aadama ihuga oli samamoodi.

Aadam tundis elava vaimuna vaid tõde nagu armastust, headust ja õiglust ja Jumala valgust, mille ta Jumalalt sai. Aga vaimu suremisega lekkis tõetunnetus temast välja ja tõe asemel varustasid vaenlane kurat ja saatan teda lihalike asjadega. Ta muutus, järgides tema osaks saanud väärust. Öeldakse: „Vaimu abil suretatakse ihu teod." Siin tähistavad „ihu teod" tegusid, mis lähtuvad ihust, mis on ühendatud väärusega.

Näiteks on inimesi, kes tõstavad rusikas käe, paugutavad uksi või demonstreerivad vihastudes muid ebaviisakaid käitumismaneere. Mõned inimesed kasutavad igas lauses roppe sõnu. Teised vaatavad vastassugupoole esindajaid himustades ja mõned käituvad nilbelt.

Ihu teod ei viita üksnes ilmsele patustamise valmidusele, vaid ka kõigile muudele tegudele, mis pole Jumala silmis täielikud. Kui mõned räägivad teistega, osutavad nad teadmatult teistele inimestele või asjadele. Mõned inimesed tõstavad häält teistega rääkides, kõlades otsekui nad vaidleksid. Need võivad tunduda tühiasjad, aga need teod tulevad valega ühendatud ihust.

Piiblis kasutatakse sõna „liha" sageli. Selles salmis Johannese 1:14 kasutatakse sõna „liha" selle otseses tähenduses. „Ja Sõna sai lihaks ja elas meie keskel, ja me nägime Tema kirkust nagu Isast Ainusündinu kirkust, täis armu ja tõtt." Aga seda kasutatakse palju rohkem vaimse tähendusega.

Roomlastele 8:5 öeldakse: „Sest need, kes elavad loomuse

järgi, mõtlevad lihalikke mõtteid, kes aga Vaimu järgi, need Vaimu mõtteid." Ja Roomlastele 8:8 öeldakse: „Sest need, kes elavad loomuse järgi, need ei suuda meeldida Jumalale."

Siin kasutatakse „liha" vaimses mõttes, pidades silmas ihuga ühenduses olevat patuloomust. See ühendab patuloomust ja ihu, kust tõetunnetus lekkis välja. Vaenlane kurat ja saatan istutasid inimestesse patuloomuse ja see moodustas ihuga ühe terviku. Need ei paista koheselt tegevuses välja, aga inimestes on need omadused ja võivad suvalisel ajal tegudena esile tulla.

Kui mingit taolist lihalikku omadust mainitakse, kutsutakse seda „lihalikuks asjaks". Vihkamist, kadedust, armukadedust, riukalikkust, kõrkust, viha, kohtumõistmist, hukkamõistu, abielurikkumist ja ahnust peetakse ühiselt „lihaks" ja igaüks nende seast on „lihalik asi".

„Liha on nõder" tähendus

Kui Jeesus palvetas Ketsemanes, jüngrid magasid. Jeesus ütles Peetrusele: „Valvake ja palvetage, et te ei satuks kiusatusse! Vaim on küll valmis, aga liha on nõder." (Matteuse 26:41). Aga see ei tähenda, et jüngrite liha oleks nõder olnud. Peetrus oli tugeva kehaehitusega, sest ta oli varem kalamees. Mida siis tähendab, et „liha on nõder"?

See tähendab, et kuna Peetrus ei olnud saanud veel Püha Vaimu, oli ta lihalik inimene, kes ei olnud veel täiesti pattudest vabanenud ja kellel ei olnud seega välja arenenud vaimu juurde kuuluv ihu. Kui inimene vabaneb pattudest ja muutub vaimseks, nimelt kui ta saab vaimseks inimeseks ja tõeinimeseks, valitseb vaim tema hinge ja ihu. Seega, isegi kui ihu on väga väsinud ja inimene tahab tõesti kogu südamest ärkvel olla, võib ta magamajäämist vältida.

Aga sel ajal ei olnud Peetrus veel vaimseks muutunud ja seega ta ei suutnud valitseda oma lihalikke omadusi nagu väsimust ja laiskust. Seega, isegi kui ta soovis ärkvel püsida, ta ei teinud seda. Ta püsis oma füüsilistes piirides. Niisugustes füüsilistes piirides püsimine tähendab, et liha on nõrk.

Aga pärast Jeesuse Kristuse ülestõusmist ja taevasseminekut sai Peetrus Püha Vaimu. Nüüd ei valitsenud ta vaid oma lihalikke omadusi, vaid tervendas ka palju haigeid inimesi ja elustas isegi surnuid. Ta levitas evangeeliumi nii tugeva usu ja julgusega, et ta otsustas pea alaspidi ristilöömise kasuks.

Jeesus levitas jumalariigi evangeeliumi ja tervendas inimesi päeval ja ööl ka siis kui Ta ei saanud korralikult süüa ega magada. Aga kuna Ta vaim valitses Tema ihu, suutis Ta palvetada ka sellises olukorras, kus Ta oli väga väsinud, kuniks Ta higi muutus maapinnale langevateks verepisarateks. Jeesusel ei olnud pärispattu ja Ta ei teinud pattu. Seega suutis Ta oma vaimu kaudu ihu valitseda.

Mõned kristlased teevad pattu ja vabandavad end välja

sõnadega: „Mu liha on nõrk." Aga nad ütlevad niimoodi, kuna nad ei tea selle väljenduse vaimset tähendust. Me peame aru saama, et Jeesuse vere valamine ristil ei lunastanud meid vaid pattudest, aga ka nõrkusest. Me võime vaimus ja ihus terved olla ja teha inimlikest piirangutest suuremaid asju, kui meil on üksnes usku ja me kuuletume Jumala Sõnale. Lisaks on meil Püha Vaimu abi ja seega me ei peaks ütlema, et me ei suuda palvetada või et meil jäi liha nõtruse tõttu üle vaid pattu teha.

Liha puudutav: Mõttepatud

Kui inimestel on liha, nimelt kui neil on ihuga ühendatud patuloomus, ei patusta nad vaid oma mõtetes, aga ka tegudes. Kui neil on valelikud omadused, petavad nad teisi ebasoodsas olukorras. Kui nad teevad pattu oma südames ja mitte tegudes, on tegemist „lihaliku asjaga."

Oletame, et te näete oma ligimesele kuuluvat ilusat ehet. Kui te isegi kaalute selle võtmist või vargust, olete te südames juba pattu teinud. Suurem osa inimestest ei pea seda patuks. Aga Jumal uurib südamed läbi ja ka vaenlane kurat ja saatan teavad niisugust inimsüdant, seega nad toovad süüdistusi. Suurem osa inimestest ei pea seda patuks. Aga Jumal otsib südamed läbi ja isegi vaenlane kurat ja saatan tunnevad taolist inimsüdant, seega nad võivad niisuguseid lihalikke südameid süüdistada.

Hinge moodustumine

Matteuse 5:28 ütles Jeesus: „Igaüks, kes naise peale vaatab teda himustades, on oma südames temaga juba abielu rikkunud."

1. Johannese 3:15 öeldakse: „Igaüks, kes vihkab oma venda, on mõrvar, ja te teate, et ühelgi mõrvaril ei ole igavest elu, mis temasse jääks." Kui te teete südames pattu, tähendab see, et te olete rajanud aluse tegeliku patuteo tegemise jaoks.

Te võite naeratada ja teha näo, et te armastate kedagi, kuigi te tegelikult vihkate seda inimest ja tahaksite teda hoopis lüüa. Kui midagi juhtub ja te ei suuda enam olukorda taluda, purskub teie viha ja te võite tolle inimesega tülitseda või võidelda. Aga kui te heidate minema vihkamise patuloomuse, ei vihka te seda inimest enam kunagi, isegi kui ta teeb teie elu väga raskeks.

Nii nagu kirjutatakse Roomlastele 8:13: „Sest kui te oma loomuse järgi elate, siis te surete," juhul kui te ei vabane lihalikest asjadest, teete te lõpuks liha tegusid. Aga Pühakirjas öeldakse ka: „...kui te aga Vaimu abil ihu teod suretate, siis te elate." Seega on võimalik teha jumalikke ja pühi tegusid, kui kõigist lihalikest asjadest ühekaupa vabaneda. Kuidas me saame kiiresti lahti lihalikest asjadest ja tegudest?

Roomlastele 13:13-14 öeldakse: „Elagem kombekalt nagu päeva ajal, mitte prassimises ega purjutamises, mitte kiimaluses ega kõlvatuses, mitte riius ega kadeduses," ja 1. Johannese 2:15-16 õhutatakse meid: „Ärge armastage maailma ega seda, mis

147

on maailmas! Kui keegi armastab maailma, siis ei ole temas Isa armastust. Sest kõik, mis on maailmas – lihahimu ja silmahimu ja elukõrkus -, ei ole Isast, vaid maailmast."

Nendest salmidest võib aru saada, et kõik asjad selles maailmas on põhjustatud lihahimust, silmahimust ja elukõrkusest. Himu on energiaallikas, mis ajendab inimesi kaduvat liha otsima ja aktsepteerima. See on tugev jõud, mis annab inimestele maailma suhtes hea enesetunde ja paneb nad maailma armastama.

Naaseme nüüd pildi juurde, kus madu ahvatles Eevat 1. Moosese raamatus 3:6: „Ja naine nägi, et puust oli hea süüa, ja see tegi ta silmadele himu, ja et puu oli ihaldusväärne, sest see pidi targaks tegema. Siis ta võttis selle viljast ja sõi ning andis ka oma mehele, ja tema sõi."

Madu ütles Eevale, et ta muutub Jumala sarnaseks. Sel hetkel kui naine võttis selle sõna vastu, tuli temasse patuloomus ja jäi temasse liha kujul püsima. Siis sisenes lihahimu ja vili näis toiduks hea olevat. Mängu tuli silmahimu ja vili tegi silmadele himu. Lisandus elukõrkus ja vili oli ihaldusväärne, sest see pidi targaks tegema. Kui Eeva võttis tolle himu vastu, tahtis ta vilja süüa ja sõi. Minevikus ei olnud temas mingit kavatsust Jumala Sõnale mitte kuuletuda, aga kui tema himu motiveeriti, nägi vili hea ja ilus välja. Kui ta soovis Jumala sarnaseks saada, lõpetas ta Jumalale mitte kuuletudes.

Lihahimu, silmahimu ja elukõrkus tekitavad meis tunde,

et patud ja kurjus on head ja armastusväärsed. Siis avab see tee lihalikele asjadele ja lõpuks liha tegudele. Seega me peame lihalikest asjadest vabanemiseks esiteks vabanema nendest kolmest eritüüpi himust. Siis võime me oma südames lihast vabanema hakata.

Kui Eeva oleks teadnud, missugust suurt vaeva viljast söömine tekitab, ei oleks ta tundnud, et vili oli söögiks hea ja silmadele ihaldusväärne. Selle asemel oleks ta selle puudutamist või vaatamistki jälestanud, rääkimata vilja söömisest. Samamoodi, kui me mõistame, millist suurt valu maailma armastamine meile tekitab ja et see paneb meid põrgunuhtluse alla, ei armasta me kindlasti enam maailma. Kui me mõistame kuivõrd väärtusetud on kõik patust määritud maailmalikud asjad, võime me kergesti vabaneda oma lihahimust. Lubage mul seda üksikasjalikumalt esitada.

Lihahimu

Lihahimu on liha järgimise ja patutegemise loomus. Kui meis on omadused nagu vihkamine, viha, isekad soovid, kadedus ja uhkus, võib lihahimu üles kihutatud saada. Kui me satume olukorda, kus patuloomust ärgitatakse, tekib meis huvi ja uudishimu. See viib meid arvamusele, et patud on head ja armsad. Sel hetkel saavad ilmsiks lihalikud jooned ja neist arenevad lihalikud teod.

Oletame, et vastpöördunu otsustab joomise maha jätta, aga ta soovib alkoholi edasi juua, mis on lihalik asi. Seega, minek baari või mingisse kohta, kus inimesed alkoholi joovad, stimuleerib tema lihahimu joogi järele. See vallandab omakorda inimese soovi ja paneb ta tegelikult alkoholi jooma ja purju jääma.

Lubage mul tuua teine näide. Kui meile on omane teiste üle kohut mõista ja neid hukka mõista, soovime me nende kohta kuulujutte kuulda. Ma võime arvata, et teiste kohta on tore kuulujutte kuulata ja neid levitada ning teistest inimestest rääkida. Kui meie sees on viha ja miski pole meile meeltmööda, teeb kellegi või millegi peale seepärast vihastumine meid värskemaks ja annab parema enesetunde. Kui me püüame end valitseda, et mitte liha omaduste kohaselt vihastuda, tundub see meie jaoks veelgi valutekitavam ja talumatum. Kui meil on uhke iseloom, siis on meil uhkuse tõttu loomuomane enesekiitus. Samuti ei taha me meis olevate iseloomujoonte tõttu uhkusest teisi teenida. Kui me soovime olla rikkad, püüame me rikastuda isegi teistele inimestele tekitatud kulude, kahju ja kannatuste arvelt. Lihahimu suureneb patutegemisega veelgi.

Aga isegi kui tegu on vastpöördunuga, kelle usk on nõrk, kui ta palvetab tuliselt, saab teiste koguduseliikmetega osadusest armu ja on täis Püha Vaimu, ei stimuleerita ta lihahimu kergelt. Isegi kui lihahimu tekkib mingis mõttekeses, võib ta selle tõega kohe ära ajada. Aga kui ta lakkab palvetamast ja kaotab Püha

Vaimu täiuse, annab ta maad vaenlasele kuradile ja saatanale taas lihahimu stimuleerimiseks.

Mis on siis lihahimu äralõikamise jaoks oluline? Selle jaoks on vaja Püha Vaimu täiust, et teie soov vaimu taotleda jääks alati tugevamaks liha taotlemise soovist. Me peaksime vaimselt alati ärkvel olema, nii nagu öeldakse 1. Peetruse 5:8: „Olge kained, valvake! Teie süüdistaja, kurat, käib ringi nagu möirgav lõukoer, otsides, keda neelata."
Selle tegemiseks ei või me palavalt palvetamast lakata. Isegi kui me oleme Jumala tööd tehes väga hõivatud, kaotame me palvetamast lakates Püha Vaimu täiuse. Siis avaneb tee lihahimu ergutamiseks. Niimoodi võime me mõttes pattu teha ja pärast seda tolle teoks teha. Sellepärast oli Jumala Poeg Jeesus meile heaks eeskujuks ja palvetas oma maapealse elu ajal lakkamatult. Ta ei lakanud kunagi Isaga palves suhtlemast ja Tema tahet tegemast.

Muidugi, kui te vabanete patust ja jõuate pühitsusele, ei teki teis enam lihahimu ja seega te ei alistu lihale ega tee pattu. Seega, pühitsetud inimesed ei palveta lihahimudest vabakssaamiseks, vaid suurema vaimutäiuse saamise pärast ja jumalariigi veelgi suuremaks muutumise eest.

Mida me teeme, kui meie maapealsed rõivad on mustad? Me ei pühi mustust lihtsalt ära, vaid peseme rõivad seebiga täiesti puhtaks, et ka lõhn kaoks. Kui meie riietes on mingi ussike või tõuk, oleme me väga üllatunud ja raputame selle kohe ära. Aga südame patud on palju räpasemad ja mustemad kui mingi inimlik mustus või ussike. Nii nagu kirjutatakse Matteuse 15:18: „Aga mis suust välja tuleb, lähtub südamest ja see rüvetab inimest." Need kahjustavad inimest luu ja lihani ja tekitavad suurt valu.

Mis juhtub, kui naine avastab, et ta abikaasa petab teda teisega? Kui valus see talle olla võib! Samamoodi on kui meest on petetud. See tekitab tüli ja rikub perekonnarahu või põhjustab isegi perekondade lahkuminekut. Seega me peaksime kiiresti vabanema lihahimust, sest see tekitab pattu ja ebasoodsaid tagajärgi.

Silmahimu

„Silmahimu" stimuleerib südant kuulma ja nägema ja paneb inimese lihalikke asju taotlema. Kuigi silmahimu kutsutakse „silmahimuks", tuleb see inimsüdamesse nägemise, kuulmise ja tundmise kasvades. Nähtu ja kuuldu liigutab nimelt nende südant ja annab neile tunded ning selle kaudu tekib neis „silmahimu".

Kui te näete midagi ja võtate selle tunnete baasilt vastu, tunnete te sama asja uuesti nähes end samamoodi. Isegi asja tegelikult nägemata, kui te lihtsalt kuulete teatud asja kohta, meenuvad teile minevikukogemused, mis stimuleerivad teie silmahimu. Kui te võtate silmahimust tulenevat jätkuvalt vastu, motiveerib see lihahimu ja te lõpetate pattu tehes.

Mis juhtus, kui Taavet nägi Uurija naist Batsebat kümblemas? Ta ei vabanenud oma silmahimust, vaid aktsepteeris seda, seega lastes lihahimul võimust võtta, mis tekitas talle soovi naine omale võtta. Lõpuks tegi ta naise enese omaks ja tegi isegi pattu, saates naise abikaasa Uurija lahingu eesliinile, et teda surmataks. Seda tehes tõmbas Taavet enese peale suure katsumuse.

Kui me ei lõika silmahimu ära, stimuleerib see jätkuvalt meie sees olevat patuloomust. Näiteks, kui me vaatame nilbeid materjale, motiveerib see abielurikkuja meele patuloomust. Kui me silmadega vaatame, tuleb meie sisse silmahimu ja saatan ajendab samuti meie mõtted vales suunas liikuma.

Need, kes usuvad Jumalat, ei tohi silmahimu vastu võtta. Te ei tohi vaadata ega kuulata midagi, mis pole tõe seest ega minna isegi kohta, kus te puutute valede asjadega kokku. Hoolimata sellest kui kaua lihast vabanemiseks palvetada, paastuda ja ööpalvet teha, kui te ei vabane silmahimust, tugevneb teie liha ja on veelgi tugevamalt motiveeritud. Selle tagajärjel ei saa lihast kergelt vabaneda ja te tunnete, et pattude vastu on väga raske võidelda.

Näiteks kui linnamüüride vahel sõjas olevad sõdurid saavad linnavälist varustust, annab see neile uut võitlusjõudu. Linnamüüride siseseid vaenuvägesid ei ole lihtne võita. Sellepärast tuleb linna võitmiseks see ümber piirata ja varustusväed läbi lõigata, et vaenlase väed ei saaks toitu ega relvi. Kui me ründame edasi selles olukorras püsides, hävib viimaks vaenlase vägi.

Selle näite varal, kui vaenlase väeks linnas on vale, nimelt meie sees olev liha, siis linnavälisteks kindlustusteks oleks silmahimu. Kui me ei lõika endast ära silmahimu, ei suuda me pattudest vabaneda ka paastu ja palve teel, sest patuloomus saab pidevalt toidet. Seega, meil tuleb esiteks vabaneda silmahimust ja palvetada ning paastuda oma patuloomusest vabanemiseks. Siis võime me neist Jumala armu ja jõu ja Püha Vaimu täiuse abil vabaneda.

Lubage mul esitada veelgi lihtsam näide. Kui valada puhast vett musta veega täidetud astjasse, muutub must vesi lõpuks puhtaks. Aga mis juhtub, kui valada puhast vett ja samaaegselt lisada ka musta vett? Must vesi astjas ei muutu puhtaks, hoolimata valamise kestusest, kui ei valata vaid puhast vett. Samamoodi ei või me vastu võtta rohkem valesid, aga ainult tõde, et vabaneda lihast ja kasvatada omale vaimne süda.

Elukõrkus

Inimestel on hooplemise soovi kalduvus. "Elukõrkus" tähistab meie loomuses olevat "edevust ja hooplemist, mis meil on selle elu rõõmude suhtes". Näiteks, inimesed tahavad kiidelda oma perekonna, laste, abielumehe või –naise, kallite rõivaste, hea maja või ehete tõttu. Nad tahavad, et neid tunnustataks nende välimuse või annete tõttu. Nad kiitlevad isegi mõjuvõimsate sõprade või kuulsate inimeste sõpruse üle. Kui teie elus on hooplevat elukõrkust, hindate te selle maailma rikkust, kuulsust, teadmisi ja välimust ja taotlete neid entusiastlikult.

Aga millist kasu toob nende asjade üle hooplemine? Koguja 1:2-3 öeldakse, et kõik päikese all olev on tühine. Laulus 103:15 kirjutatakse: "Inimese elupäevad on nagu rohi: ta õitseb nõnda nagu õieke väljal; kui tuul temast üle käib, ei ole teda ja tema ase ei tunne teda enam," sellest maailmast kiitlemine ei anna meile tõelist eluväärtust. Aga see on pigem Jumala vastu vaenulik ja viib surma. Kui me vabaneme tähendusetust lihast, oleme me himu tõttu kiitlemisest vabad ja järgime seega ainult tõde.

1. Korintlastele 1:31 öeldakse, et see, kes kiitleb, peaks kiitlema Isandast. See tähendab, et me ei peaks kiitlema eneseupitamiseks, vaid Jumala auks. See tähendab nimelt ristist ja meid päästnud Isandast ning Tema poolt meie jaoks valmistatud

taevariigist kiitlemist. Me peaksime kiitlema ka armust, õnnistustest, aust ja kõigest, mida Jumal meile andnud on. Kui me kiitleme Isandast, on Jumalal meist heameel ja Ta õnnistab meid selle eest materiaalselt ja vaimselt.

Inimeste ülesandeks on Jumalat aukartlikult karta ja armastada ja igaühe väärtust otsustatakse tema vaimseks inimeseks muutumise määraga võrdeliselt (Koguja 12:13).

Kui me vabaneme kogu patust ja kurjast, nimelt liha tegudest ja lihalikest asjadest ja meis taastub Jumala kadumaläinud kuju, võime me minna kaugemale sellest tasemest, kus oli esimene inimene Aadam, kes oli elav vaim. See tähendab, et me võime muutuda vaimseteks ja terve vaimuga inimesteks. Sellepärast ei tohi me lihale himude tõttu asu anda, vaid peaksime riietuma vaid Kristusega.

4. peatükk
Elava vaimu tasemest kaugemale

Kui me lammutame oma lihalikud mõtted, kaob liha juurde kuuluv hingeline tegevus ja jääb ainult vaimu juurde kuuluv hingeline tegevus. Hing kuuletub peremehest vaimule, öeldes „Aamen". Kui peremees täidab peremehe kohust ja sulane sulase oma, võib öelda, et hinge lugu on hea.

Piiratud inimsüda

Vaimseks inimeseks muutumine

Elav vaim ja kasvatatud vaim

Vaimne usk on tõeline armastus

Pühaduse poole

Ka vastsündinud imikud on inimolendid, aga nad ei saa täieliku inimolendi moel tegutseda. Neil pole teadmisi. Nad ei suuda isegi oma vanemaid ära tunda. Nad ei tea, kuidas ellu jääda. Samamoodi ei saanud elavaks vaimuks loodud Aadam teha alguses teoks oma inimkohustusi. Temast sai tähendusväärne olend alles pärast vaimsete teadmistega täitumist. Ta elas kõigi olendite Isandana, õppides Jumala käest ühekaupa vaimseid teadmisi. Sel ajal oli Aadama süda iseenesest vaimne, seega polnud vaja kasutada sõna „süda".

Aga pärast patustamist suri ta vaim. Vaimsed teadmised hakkasid tema seest vähehaaval välja lekkima ja selle asemel sai ta täis lihalikke teadmisi, mis tulid vaenlase kuradi ja saatana käest. Tema südant ei saanud enam „vaimuks" kutsuda ja sellest ajast saadik hakati seda „südameks" kutsuma.

Aadama süda loodi algselt Vaimust Jumala kuju järgi. Aadama süda võis samuti suureneda võrdeliselt selles olevate vaimsete teadmiste hulgaga. Aga pärast seda kui ta vaim suri, ümbritses tema vaimu vale teadmine ja ta süda muutus piiratuks. Inimesi valitsema hakanud hinge kadu hakkasid inimesed endisse sisestama igasuguseid erinevaid teadmisi ja neid teadmisi eri viisidel kasutama. Inimsüdamed mobiliseerusid eri viisidel erinevate teadmiste ja nende teadmiste erinevat moodi kasutamise tõttu.

Seega, isegi need, kellel on suhteliselt suur süda, ei ole ikka suutelised oma eneseõiguse, isiklike mõttemallide ja teooriate alusel teatud piire ületama. Aga kui me võtame vastu Isanda Jeesuse Kristuse, saame Püha Vaimu ja sünnime vaimselt Püha Vaimu kaudu, võime me minna inimlikest piiridest kaugemale. Pealegi võime me oma vaimse südame kasvatamisega võrdväärselt piiramatut vaimusfääri tajuda ja tundma õppida.

Piiratud inimsüda

Kui hingeline inimene kuulab Jumala Sõna, sisestatakse sõnum esiteks tema ajusse ja siis tulevad mängu inimlikud mõtted. Sel põhjusel ei suuda nad Tema Sõna oma südamesse võtta. Loomulikult ei saa nad vaimsetest asjadest aru ega suuda tõega muutuda. Nad püüavad vaimusfääri oma piiratud südamega mõista ja mõistavad seetõttu palju kohut. Nad saavad ka Piibli usuisadest paljus valesti aru ja mõistavad nende üle kohut.

Kui Jumal käskis Aabrahamil oma ainus poeg Iisak ohvriks tuua, ütlevad mõned, et Aabrahamil pidi olema väga raske Jumalale kuuletuda. Nad räägivad järgmise sarnast: Jumal lasi

Aabrahamil tema usu läbikatsumiseks kolm päeva Morija mäele minna; Aabraham tundis mineku ajal kindlasti suurt ahastust kui ta mõtles selle peale, kas Jumala käsule kuuletuda või mitte. Aga lõpuks otsustas ta Jumala Sõna kuulata. Kas Aabrahamil olid tegelikult niisugused probleemid? Ta lahkus varahommikul, oma naisele Saarale midagi ütlemata. Ta usaldas täiesti surnuid elustada suutva Jumala väge ja headust. Sellepärast võis ta oma poja Iisaki kõhklemata ära anda. Jumal nägi tema südamepõhja ja tunnustas ta usku ja armastust. Selle tulemusena sai Aabrahamist usuisa ja teda kutsuti „Jumala sõbraks".

Kui inimene ei mõista Jumalale meelepärase usu ja sõnakuulelikkuse taset, mõistab ta sarnaseid asju vääriti, sest ta mõtleb oma piiratud südame ja usuetaloni raames. Me võime mõista neid, kes armastavad Jumalat ülimal määral ja on Talle meelepärased võrdväärselt pattudest vabanemise ja vaimse südame kasvatamise määraga.

Vaimseks inimeseks muutumine

Jumal on Vaim ja seega tahab Ta, et Tema lastestki saaksid vaimsed inimesed. Aga mida me peaksime tegema, et muutuda vaimseks inimeseks, kelle vaimust on saanud tema hinge ja ihu valitseja? Üle kõige peame me vabanema valedest mõtetest, nimelt lihalikest mõtetest, et saatan meie üle ei valitseks. Selle asemel tuleb meil kuulata meie südames Jumala tõesõna abil tegeva Püha Vaimu häält. Meil tuleb lasta oma hingel sellele häälele täiesti kuuletuda. Kui me kuulame Jumala Sõna, tuleb meil see „aameniga" vastu võtta ja innukalt palvetada, kuni me mõistame Tema Sõna vaimset tähendust.

Kui me seda tehes võtame vastu Püha Vaimu täiuse, muutub meie vaim peremeheks ja me võime jõuda vaimsesse mõõtmesse, kus me Jumalaga igapäevaselt suhtleme. Sel moel, kui hing kuuletub täiesti oma vaimust peremehele ja tegutseb selle orjana, võime me öelda, et meie hinge „lugu on hea". Kui meie hinge lugu on hea, on meil hea käekäik ja tervis.

Kui me mõistame hinge toiminguid selgelt ja taastame hinge Jumala soovitud viisil, ei aktsepteeri me enam saatana ärgitusi. Sedamoodi võime me Aadama pattulangemise tõttu kadumaläinud Jumala kuju taastada. Nüüd rajatakse vaimu, hinge ja ihu vaheline kord õieti ja me võime saada tõelisteks jumalalasteks. Siis võime me liikuda isegi kaugemale elava vaimu tasemest, kus oli Aadam. Meile ei anta lihtsalt meelevalda ja väge kõigi asjade üle valitsemiseks, aga me kogeme ka igavest rõõmu ja õnne taevariigis, mis on Eedeni aiast kõrgemal tasemel. Nii nagu öeldakse 2. Korintlastele 5:17: „Niisiis, kui keegi on Kristuses, siis ta on uus loodu, vana on möödunud, vaata, uus on sündinud," saame me Isandas täiesti uueks looduks.

Elav vaim ja kasvatatud vaim

Kui me kuuletume Jumala käskudele, kus meid käsitakse teatud asju teha ja teatud asjadest kinni pidada, tähendab see, et me ei tee liha tegusid ja püsime tões. Sel määral muutume me üha enam vaimseteks inimesteks. Niikaua kui me oleme valet tegevad lihalikud inimesed, võivad meil olla erinevad probleemid või me võime haigestuda, aga kui me muutume vaimseteks inimesteks, edeneme me kõiges ja oleme terved.

Samuti, kui me vabaneme kurjast, nii nagu Jumal käsib meil teatud asjadest vabaneda, lõhutakse maha kõik meis olevad „lihalikud" asjad ja mõtted, et meil oleks tõe juurde kuuluv hing. Kui me mõtleme vaid tões, kuuleme me Püha Vaimu häält selgemini. Kui me püsime täielikult Jumala käskudes, mis käsivad meil millestki kinni pidada, midagi mitte teha või millestki vabaneda, võib meid vaimsete inimestena ära tunda, sest meis pole väärust. Pealegi, kui me teeme täielikult teoks Jumala käsud, mis käsivad meil teatud asju teha, muutume me terve vaimuga inimesteks.

Pealegi on suur vahe nende vaimsete inimeste ja Aadama vahel, kes oli varem elav vaim. Aadam ei kogenud mitte kunagi varem lihas inimese kasvatamist ja seega ei saanud teda pidada täiesti vaimseks olendiks. Ta ei suutnud mõista midagi liha tekitatud kurbuse, valu, surma ega eraldatuse kohta. See tähendab, et ta ei suutnud teisalt tõeliselt hinnata ega tänada ega armastada. Isegi kui Jumal armastas teda väga palju, ei suutnud ta selle armastuse headust hinnata. Ta koges parimat, aga ta ei tundnud suurt rõõmu. Ta ei võinud olla tõeline jumalalaps, kes oleks saanud Jumalaga oma südant jagada. Alles siis kui inimene läheb läbi lihalikest asjadest ja teab nende kohta, võib temast

saada tõeliselt vaimne olend.
Kui Aadam oli elav vaim, ei olnud ta midagi lihalikku kogenud. Seega oli tal alati võimalik lihalikku vastu võtta ja korrumpeeruda. Aadama vaim ei olnud tegelikus mõttes täielik ja täiuslik, vaid vaim, mis võis surra. Sellepärast kutsuti teda elusolendiks, mis tähendas elavat vaimu. Siis võis mõni küsida, kuidas elav vaim võis vastu võtta saatana kiusamist. Lubage mul siin esitada allegooria.

Oletame, et perekonnas on kaks väga kuulekat last. Üks nende seast sai kunagi tulise veega põletuse, kuna teine ei kogenud kunagi sellist. Ühel päeval osutas ema keeva vee kannule ja ütles, et lapsed ei puudutaks seda. Tavaliselt kuulasid nad väga hästi oma ema, seega mõlemad neist ei puudutanud veekeetjat.

Aga üks laste seast oli juba kogenud, et keev katel oli ohtlik, seega ta kuuletus meeleldi. Ta sai aru ka ema armastavast südamest ja tema püüdlusest neid hoiatuse teel kaitsta. Vastupidiselt aga, teisel lapsel puudus taoline kogemus ja tema uudishimu tärkas kui ta nägi veekannu, kust tuli auru. Tal pole võimalik ema kavatsusest aru saada. Alati esineb võimalus, et ta püüab kuuma veekannu uudishimust puudutada.

Samamoodi oli elava vaimu Aadamaga. Ta kuulis, et patt ja kurjus on hirmuäratavad, aga ei olnud neid iialgi kogenud. Ta polnud kuidagi võimalik täpselt mõista pattude ja kurjuse olemust. Kuna ta ei olnud asjade suhtelisust kogenud, aktsepteeris ta lõpuks oma vabast tahtest saatana kiusatuse ja sõi keelatud vilja.

Erinevalt Aadamast, elavast vaimust, kes ei mõistnud kunagi erinevate asjade suhtelisust, tahtis Jumal tõelisi lapsi, kes pärast liha kogemist oleksid vaimse südamega ja ei muudaks kunagi mingites tingimustes oma meelt. Nad mõistsid väga hästi liha ja vaimu vahelist kontrasti. Nad kogesid selles maailmas patte ja kurjust, valu ja kurbust, seega nad teavad kui valus, räpane ja tähendusetu on liha. Samuti nad tunnevad väga hästi vaimu, mis on liha vastand. Nad teavad, kui ilus ja hea see on. Seega nad ei võta oma vabast tahtest iialgi enam liha vastu. See on elava vaimu ja kasvatatud vaimu vaheline erinevus.

Elav vaim kuuletub lihtsalt tingimustele, kuna aga kasvatatud vaim kuuletub südamele pärast hea ja halva kogemist. Pealegi, neid vaimseid inimesi, kes on igasugustest pattudest ja kurjusest vabanenud, õnnistatakse kõigi taevariigi asukohtade seast kolmandas taevariigis asuvasse Uude Jeruusalemma minekuga ja nad on terve vaimuga.

Vaimne usk on tõeline armastus

Kui me oma usuteel muutume vaimseteks inimesteks, suudame me tunda õnne ja rõõmu täiesti erinevas mõõtmes. Meie südames valitseb tõeline rahu. Me rõõmustame alati, palvetame lakkamatult ja täname kõige eest, nii nagu kirjutatakse 1. Tessalooniklastele 5:16-18. Me mõistame Jumala südant ja tahet meile tõelise õnne andmisel, seega me võime armastada Jumalat tõelisest südamest ja Teda tänada.

Me oleme kuulnud, et Jumal on armastus, aga enne kui meist saavad vaimsed inimesed, ei saa me tegelikult seda armastust tunda. Alles pärast seda saame me inimese kasvatamise teel Jumala ettehooldest aru ja võime sügavalt mõista, et Jumal on armastus ise ja sellest, kuidas me peame Teda esiteks üle kõige muu armastama.

Niikaua kui me ei vabane oma südames lihast, ei ole meie armastus ja tänu tõelised. Isegi kui me ütleme, et me armastame Jumalat ja oleme Talle tänulikud, võime me oma elukurssi muuta, kui asjad pole meile enam soodsad. Me ütleme, et me oleme tänulikud, kui asjad on hästi, aga varsti me unustame selle armu. Kui meie ees seisavad rasked asjad, tunneme me armu mäletamise asemel nördimust või isegi viha. Me unustame oma tänulikkuse ja meile osutatud armu.

Aga vaimsete inimeste tänu tõuseb nende südamepõhjast, seega see ei muutu kunagi ka aja jooksul. Nad mõistavad inimolendeid sellest tulenevat talumatut valu trotsides kasvatava Jumala ettehoolet ja tänavad tõeliselt ja kogu südamest. Samuti armastavad nad tõeliselt meie eest risti kanda võtnud Isandat Jeesust ja tänavad Teda ja meid tõe sisse juhatavat Püha Vaimu. Nende armastus ja tänu ei muutu kunagi.

Pühaduse poole

Patt rikkus inimesed, aga pärast Jeesuse Kristuse vastuvõtmist ja pääsemise armu vastuvõtmist muudab usk ja Püha Vaimu vägi nad. Siis võivad nad elava vaimu tasemest kaugemale liikuda.

Nad võivad muutuda neist kaduva ebatõega võrdeliselt ja selle asemel saavad nad täis tõde ja võivad pühaduse teostumise korral neis muutuda vaimseteks inimesteks.

Enamasti, kui inimesed näevad kurje asju, ühendavad nad nähtu endis oleva ebatõega ja tunnevad ja mõtlevad seega kurjalt. Sel moel kaldusid nad kurje tegusid demonstreerima. Aga pühitsetud inimestes pole väärust ja seega neist ei lähtu kurje mõtteid ega tegusid. Nad ei näe esiteks kurje asju, aga isegi kui nad juhtuvad neid asju nägema, ei ühendu need asjad kurjade mõtete ega tegudega.

Meid võidakse pidada pühitsetuks, kui me kasvatame omale puhta südame, kus pole viga ega plekki, tõmmates endist välja igasuguse südamepõhjas oleva kurjuse. Need, kellel on vaid vaimsed mõtted, nimelt need, kes näevad, kuulevad, räägivad ja tegutsevad vaid tõepäraselt, on tõelised jumalalapsed, kes on vaimutasemest kaugemale läinud.

Nii nagu kirjutatakse 1. Johannese 5:18: „Me teame, et ükski, kes on sündinud Jumalast, ei tee pattu, sest Jumalastsünnitatu hoiab ennast ja kuri ei puuduta teda," on patuta olek vaimumaailmas väeks. Patuta olek on pühadus. Sel põhjusel võime me taastada meelevalla, mis anti elavale vaimule Aadamale ja vaenlase kuradi ja saatana võita ja allutada pattudest vabanemise määraga võrdeliselt.

Kui me muutume vaimseteks inimesteks, ei saa vaenlane kurat meid isegi puudutada ja kui me saame terve vaimuga inimesteks ja ehitame headust ja armastust, võime me Püha

Vaimu väetegusid teha ja teha suuri ja vägevaid asju.
Me võime pühitsuse teel vaimseteks inimesteks muutuda ja saada terve vaimu (1. Tessaloonikastele 5:23). Kui me mõtleme inimkonda kasvatava Jumala peale, kes on inimestega nii kaua kannatlik olnud, et saada tõelisi lapsi, võime me mõista, et kõige olulisem asi elus on vaimseks inimeseks muutumine ja terve vaimu saamine.

Vaim, hing ja ihu: 1. osa

3. osa

Vaimu taastumine

Kas ma olen lihalik või vaimne inimene?
Kuidas erinevad vaim ja terve vaim?

> Jeesus vastas talle: „Tõesti, tõesti,
> ma ütlen sulle, kes ei sünni ülalt,
> ei või näha Jumala riiki.
> Lihast sündinu on liha,
> ja Vaimust sündinu on vaim."
> (Johannese 3:5-6)

1. peatükk
Vaim ja terve vaim

Inimkond vajab oma surnud vaimu tõttu pääsemist. Meie kristlik elu on elustamise järgselt vaimse kasvamise protsess.

Mis on Vaim?

Vaimu taastumine

Vaimu kasvuprotsess

Hea pinnase kasvatamine

Liha jäljed

Terve vaimuga olemise tõendus

Vaimsete ja terve vaimuga inimeste õnnistused

Inimese vaim suri Aadama patu tõttu. Sellest ajast saadik sai hing inimese valitsejaks. Inimesed aktsepteerivad pidevalt valet ja järgivad oma himusid. Lõpuks ei jõua nad isegi pääsemisele. Kuna nad on saatana mõju all oleva hinge valitsuse alused, teevad nad pattu ja lähevad põrgusse. Sellepärast peavad kõik inimesed päästetud saama. Jumal otsib tõelisi lapsi, kes on inimese kasvatamise teel pääsenud, Ta otsib nimelt vaimseid terve vaimuga inimesi.

Nii nagu öeldakse 1. Korintlastele 6:17: „Aga kes hoiab Isanda poole, see on Temaga üks vaim," tõelised jumalalapsed on Jeesuse Kristusega vaimus ühendatud.

Kui me võtame Jeesuse Kristuse vastu, hakkame me Püha Vaimu abil tõe sees elama. Kui me elame täielikult tõe sees, tähendab see, et me oleme muutunud vaimseteks inimesteks, kellel on Isanda süda. See on siis kui me oleme Isandaga vaimus üks. Aga isegi siis, kui me oleme Temaga vaimus üheks saanud, erinevad Jumala Vaim ja inimese vaim teineteisest täielikult. Jumal on ise Vaim ja Tal pole füüsilist ihu, aga inimvaim on füüsilises ihus. Jumalal on Taevasse kuuluv vaimukuju, kuna inimeste vaimukuju on aga maapõrmust loodud füüsilises ihus. Looja Jumala ja loodud inimolendite vahel on kahtlemata suur erinevus.

Mis on Vaim?

Paljude arvates on sõnad „vaim" ja „hing" üks ja sama asi. Sõnaraamatus The Merriam-Webster's Dictionary öeldakse, et vaim on „elustav või oluline põhimõte, millest peetakse kinni ja mis annab elu füüsilistele organismidele või üleloomulikule olendile või olemusele". Aga Jumala arvates on vaim surematu, kadumatu ja muutmatu, ent igavene. See on elu ja tõde iseenesest. Kui maa pealt leida midagi, mis on vaimulaadsete omadustega, oleks see kuld. Kulla sära ei muutu aja jooksul kunagi ja see ei hävi ega muutu kunagi. Sel põhjusel sarnastab Jumal meie usku puhta kullaga ja ehitab ka taevased kojad kullast ja vääriskividest.

Esimene inimene Aadam sai osa Jumala algsest loomusest, kui Jumal hingas tema ninasõõrmetesse eluõhku. Ta loodi ebatäiuslikuks vaimuks, kuna tal oli võimalik naasta mullapõrmu laadsete omadustega lihalikuks olendiks. Ta ei olnud vaid „vaim". Ta oli „elav vaim" ehk „elusolend".

Missugusel põhjusel lõi Jumal Aadama elavaks vaimuks?

Vaimu taastumine

Ta tegi niimoodi, sest Ta tahtis, et Aadam liiguks inimese kasvatamise kaudu elava vaimu mõõtmetest kaugemale ja tuleks terve vaimuga inimese näol esile. See ei kehti üksnes Aadama, vaid iga tema järeltulija kohta. Sel põhjusel valmistas Jumal enne aegade algust Päästja Jeesuse ja Aitajast Püha Vaimu.

Vaimu taastumine

Aadam elas elava vaimuna Eedeni aias mõõtmatu ajavahemiku jooksul, aga lõpuks eraldas patt tema ja Jumala vahelise osaduse läbi. Sel ajal hakkas saatan temasse hinge kaudu vale teadmist istutama. Selle protsessi ajal hakkas Jumalalt saadud vaimne teadmine kaduma ja asendus saatanalt saadud valede teadmiste lihaliku sisuga.

Aja jooksul täitus inimene pidevalt lihaliku sisuga. Vale ümbritses ja lämmatas inimese eluseemne. Tundus, otsekui vale vangistas ja piiras eluseemet, et see muutus täiesti passiivseks. Kui eluseeme muutub täiesti passiivseks, öeldakse selle kohta, et vaim on „surnud". Kui vaimu surnuks pidada, tähendab see, et sellest on kadunud eluseemet aktiivseks teha võiv Jumala valgus. Mida siis surnud vaimu elustamiseks teha tuleb?

Esiteks tuleb meil sündida veest ja Vaimust.

Kui me kuulame Jumala Sõna, mis on tõde ja võtame Jeesuse Kristuse oma Päästjaks vastu, annab Jumal meile südamesse oma Püha Vaimu anni. Jeesus ütles Johannese 3:5: „Tõesti, tõesti, ma ütlen sulle, kes ei sünni veest ja Vaimust, ei saa minna Jumala riiki." Selle alusel võib näha, et me pääseme vaid pärast seda kui me sünnime veest, mis on Jumala Sõna ja Pühast Vaimust.

Püha Vaim tuleb meie südamesse ja teeb meie eluseemne taas aktiivseks. See elustab meie surnud vaimu. Ta aitab meil vabaneda lihast, mille alla kuuluvad valed, hävitada hinge valeteod ja annab meile tõeteadmise. Kui me ei võta Püha Vaimu vastu, ei saa meie surnud vaim elavneda ja me ei mõista Jumala Sõna vaimset tähendust. Sõna, mida me ei suuda mõista, ei saa me südamesse istutada ja me ei saa vaimset usku. Meil võib vaid Püha Vaimu abil olla vaimne arusaamine ja usk, et südamest uskuda. Sellega võime me võtta vastu jõu Jumala Sõna kohaselt teha ja sellekohaselt elada kui me palvetame. Ilma palve teel Tema käest abi saamata pole meil Sõna järgi elamiseks jõudu.

Teiseks, me peame pidevalt Vaimu kaudu vaimu sünnitama.

Kui meie surnud vaim elavneb pärast Püha Vaimu vastuvõtmist, tahame me pidevalt oma vaimu tõetunnetusega täita. Sel teel me sünnitame Vaimu kaudu vaimu. Kui me palvetame Püha Vaimu abil tugevasti, et pattude vastu verevalamiseni võidelda, lahkuvad südames olev kurjus ja väärus. Pealegi meie süda täitub jätkuvalt tõe ja headusega nagu armastuse, headuse, tõesuse, tasaduse ja alandlikkusega, võrdeliselt Püha Vaimu antud tõetunnetuse vastuvõtmisega.

Vaimu taastumine

Teiste sõnadega, Püha Vaimu kaudu tõe vastuvõtmine tähendab Aadama langemisest toimunud inimkonna moraalse rikutuse käigus tehtud sammude ümberpööramist Püha Vaimu kaudu.

Aga on inimesi, kes on vastu võtnud Püha Vaimu, aga kes ei muuda oma südant. Nad ei järgi Püha Vaimu soove, vaid elavad selle asemel liha soove järgides edasi patus. Esiteks püüavad nad pattudest vabaneda, aga teatud ajahetkel muutuvad nad usu poolest leigeks ja lakkavad pattude vastu võitlemast. Sellest hetkest alates lakkavad nad patu vastu võitlemast, sõbrunevad maailmaga või teevad pattu. Nende südamed, mida puhastati ja valgendati, määrdusid taas patu tõttu. Isegi kui me saime Püha Vaimu, kui meie südamed imbuvad pidevalt vääruses, ei saa meis olev eluseeme enam jõudu.

1. Tessalooniklastele 5:19 hoiatatakse meid: „Ärge kustutage Vaimu." Me võime jõuda seisundisse, kus meil on nimi, et me oleme elavad, aga kuniks me end pärast Püha Vaimu saamist ei muuda, oleme me surnud (Johannese ilmutus 3:1). Seega, isegi kui me oleme Püha Vaimu vastu võtnud, kustutab pattudes ja kurjalt elamine pidevalt Püha Vaimu.

Seega peame me oma südant pidevalt muutma, kuni see muutub täielikult tõesüdameks. 1. Johannese 2:25 öeldakse: „Ja see ongi tõotus, mille Tema meile on tõotanud – igavene elu." Jah, Jumal on andnud meile tõotuse. Aga see on tingimuslik.

Tingimuseks on Jumalalt igavese elu saamiseks kuuldud Jumala Sõna tegemise kaudu Isanda ja Jumalaga ühendatud olek.

Me ei pääse isegi siis, kui me väidame end Isandasse uskuvat, kui me Jumalas ja Isandas ei ela.

Vaimu kasvuprotsess

Johannese 3:6 öeldakse: „Lihast sündinu on liha, ja Vaimust sündinu on vaim." Kirjutatu kohaselt ei saa me lihalikult elades vaimu sünnitada.

Seega, ajast kui me võtsime Püha Vaimu vastu ja me surnud vaim elavnes, peab meie sees olev vaim pidevalt edasi kasvama. Aga mis juhtub, kui imik ei kasva õieti või jääb hoopis kasvus kinni? Laps ei suudaks tavapäraselt elada. Samamoodi on vaimse eluga. Need jumalalapsed, kes on saanud elu, peavad oma usku jätkuvalt suurendama ja vaimselt kasvama.

Piiblis öeldakse, et igaühele on antud erinev usumõõt (Roomlastele 12:3). 1. Johannese 2:12-14 räägitakse erinevatest usutasemetest, liigitades need väikelaste, laste, noormeeste ja isade usuks:

Ma kirjutan teile, lapsed, sest patud on teile andeks antud Tema nime pärast. Ma kirjutan teile, isad, sest teie olete mõistnud Teda, kes on olnud algusest. Ma kirjutan teile, noored, sest te olete ära võitnud kurja. Ma olen kirjutanud teile, lapsed, sest teie olete ära tundnud Isa. Ma olen kirjutanud teile, isad, sest teie olete mõistnud Teda, kes on olnud algusest. Ma olen kirjutanud teile, noored, sest te olete tugevad ja Jumala Sõna püsib teis ning te olete ära võitnud kurja.

Jumal annab meile ülevalt usku võrdeliselt meie tõelise südame muutmise määraga. See on usk, millega võib südamepõhjast uskuda ja mis „sünnitab Vaimu kaudu vaimu". Seda teeb Püha Vaim: Püha Vaim laseb meil sünnitada vaimu ja aitab me usul kasvada. Püha Vaim tuleb meie südametesse ja õpetab meile patu, õigsuse ja kohtu kohta (Johannese 16:7-8). Ta aitab meil Jeesust Kristust uskuda.

Ta aitab meil ka mõista Jumala Sõnas peituvat vaimset tähendust ja seda südamesse võtta. Selle protsessi käigus saame me taastada Jumala kuju ja saada tõeliseks jumalalapseks, kes on vaimne ja terve vaimuga.

Selleks, et me vaim kasvaks, tuleb esmalt lammutada lihalikud mõtted. Lihalikud mõtted tekkivad südames peituvate valede esiletulekus hinge väära tegevuse kaudu. Näiteks, kui te südames peitub kurjust ja kui te kuulete, et keegi on teie kohta keelt peksnud, tegutseb te hing esiteks valesti. Teil tekivad lihalikud mõtted ja te arvate, et see inimene on viisakusetu ja te solvute ja muud negatiivsed tunded võivad esile kerkida.

Sel hetkel valitseb hinge saatan. Niisuguste hingeliste toimingute kaudu erutub südames olev lihalik väärus nagu ärritus, vihkamine, vimm ja uhkus. Teiste mõistmise asemel tahate te selle inimesega otsekohe silmitsi seista.

Need varem mainitud lihalikud asjad kuuluvad samuti lihalike mõtete juurde. Kui inimese eneseõigus, enese ettekujutused või teooriad tulevad hingelisest tegevusest, on ka need lihalikud asjad. Oletame, et inimesel on teatud mõttemall, mille varal ta usub, et usus ei ole õige kompromissile minna. Siis arvab ta ka edaspidi, et tema mõtted on õiged ja ei pea teistega rahu olukordades, kus ta peaks arvestama teiste usutaseme ja oludega. Oletame ka, et inimesel on teatud ettekujutus mingi teema suhtes ja ta arvab, et selle olukorra reaalsust arvestades on raske midagi saavutada. Siis peetakse ka seda lihalikuks mõtteks.

Isegi Isanda Jeesuse omaksvõtmise järgi Püha Vaimu vastu võttes võib meil edaspidi olla lihalikke mõtteid määral, mil me pole oma lihalikkusest vabanenud. Meil on vaimsed mõtted kui me saame tõelisi teadmisi, mis on Jumala Sõna, aga lihalikud mõtted, kui me saame valesid teadmisi. Püha Vaim ei saa niisuguste lihalike mõtete olemasolu korral tõelisi teadmisi mobiliseerida.

Sellepärast kirjutatakse Roomlastele 8:5-8: „Sest need, kes elavad loomuse järgi, mõtlevad lihalikke mõtteid, kes aga Vaimu järgi, need Vaimu mõtteid. Sest lihalik mõtteviis on surm, Vaimu mõtteviis aga elu ja rahu; seepärast et lihalik mõtteviis on vaen Jumala vastu, sest ta ei alistu Jumala Seadusele ega suudagi seda. Kes elavad oma loomuse järgi, need ei suuda meeldida Jumalale."

Selles lõigus vihjatakse, et me võime saavutada vaimse taseme vaid lihalikke mõtteid ära lõigates. Lihas püsivad inimesed ei suuda lihalikke mõtteid mõtlemast lakata ja selle tulemusel lähevad nende mõtted, sõnad ja käitumine Jumala vastu.

Üks ilmsematest lihalike mõtete tõttu Jumala vastu seismise näidetest on kuningas Sauli juhtum 1. Saamueli raamatu 15. peatükis. Jumal ütles, et ta ründaks amalekke ja hävitaks kõik sealse. See oli osa karistusest, millega neid tuli minevikus tõsiselt Jumala vastu mineku eest karistada.

Aga pärast seda kui Saul võitis lahingu, võttis ta ühes hea eluskarja, öeldes, et ta tahtis nad Jumalale anda. Ta võttis samuti Amaleki kuninga kinni, selle asemel, et teda hävitada. Ta tahtis oma tegusid demonstreerida. Ta oli sõnakuulmatu, sest ta ahnusest ja kõrkusest tulid lihalikud mõtted. Kui ahnus ja kõrkus pimestasid ta silmad, jätkas ta oma lihalike mõtete kasutamist ja suri lõpuks armetult.

Lihalikud mõtted esinevad peamiselt, kuna me südames on väärust. Kui meie südames on vaid tõesed teadmised, ei saa meis kunagi olla lihalikke mõtteid. Need, kelles puuduvad lihalikud mõtted, mõtlevad loomuomaselt vaid vaimseid mõtteid. Nad kuuletuvad Püha Vaimu häälele ja juhatusele, et Jumal võiks neid armastada ja nad saaksid Tema tööd kogeda.

Seega on tõsi, et me peame usinalt vabanema valedest ja täituma Jumala Sõna tõe tundmisega. Tõe tundmisega täitumine ei tähenda, et me teaksime seda vaid oma peas, me peame ka oma südant täitma ja kasvatama Jumala Sõnaga. Samaaegselt tuleb meil oma mõtted vaimsete vastu välja vahetada. Kui me suhtleme teistega või näeme teatud sündmusi pealt, ei tohiks me enese vaatenurgast kohut mõista ega hukka mõista, vaid peaksime neid tõeselt nägema. Me peame muutumiseks pidevalt kontrollima, kas me kohtleme teisi igal ajahetkel headuse, armastuse ja ustavusega. Niimoodi võime me vaimselt kasvada.

Hea pinnase kasvatamine

Õpetussõnades 4:23 öeldakse: "Hoia oma südant enam kui kõike muud, mida tuleb hoida, sest sellest lähtub elu." Seal öeldakse, et meile igavest elu andev eluallikas lähtub südamest. Me võime saaki koristada alles pärast põllu sisse seemnete külvamist, et viimased võiksid tärgata, õitseda ja vilja anda. Üsna sarnaselt võime me vaimset vilja kanda vaid siis kui Jumala Sõna seemne langeb meie südamepinna sisse.

Jumala Sõna, mis on eluallikas, on südamesse külvatuna kahtmoodi funktsiooniga. See künnab meie südamest patud ja vale välja ja aitab vilja kanda. Piibel sisaldab suure hulga käske, aga käsud liigituvad ühte neljast alaliigist: tee; ära tee; pea kinni; ja saa lahti teatud asjadest. Näiteks, Piiblis käsitakse meil „heita minema" ahnus ja igasugune kurjus. Samuti võivad „ära tee" näidetes sisalduda „ära vihka" või „ära mõista kohut". Kui me neid käske järgime, tõmmatakse me südamest välja patud. See tähendab, et Jumala Sõna tuleb me südamesse ja kasvatab selle heaks pinnaseks.

Aga oleks kasutu, kui me lihtsalt lakkaksime pärast maa kündmist. Me peame küntud põllu sisse külvama tõe ja headuse seemneid, et me võiksime kanda üheksat Püha Vaimu vilja ja kanda õndsakskiitmiste õnnistust ja vaimset armastust.

Viljakandmine tähendab teatud asjade pidamise ja tegemise käskudele kuuletumist. Kui me peame Jumala korraldusi ja elame nende kohaselt, võime me lõpuks vilja kanda.

Vaimseks inimeseks saamise protsess, mida mainitakse antud peatüki esimeses osas „Kasvatamine" on sama, mis südamepõllu kasvatamine. Me muudame harimata põllu hea pinnasega põlluks, kündes maad, võttes sellest kivid ja tõmmates umbrohu välja. Samamoodi peame me vabanema kõigist liha tegudest ja lihalikest asjadest, kuuletudes Jumala Sõnale, kus öeldakse „Ära tee" ja „Vabane" teatud asjadest. Igas inimeses on erinevat liiki kurjust. Seega, kui me tõmbame välja kurja juure, millest meil on raske vabaneda, tulevad sellega koos välja ka sellega seotud igasugune muu kurjus. Näiteks, kui inimene, kelles on palju armukadedust, tõmbab selle enesest välja, tulevad sellega välja ka armukadedusega seotud muud kurjuseliigid nagu vihkamine, keelepeks ja valskus.

Kui me tõmbame välja peamise viha juure, tõmmatakse sellega välja ka muud kurja liigid nagu ärritatavus ja frustratsioon. Kui me palvetame ja püüame vihast vabaneda, annab Jumal meile armu ja jõudu ja Püha Vaim aitab meil seda ära ajada. Kui me rakendame tõesõna pidevalt oma igapäevaelus, saame me Püha Vaimu täiuse ja liha jõud muutub nõrgemaks. Oletame, et inimene vihastus varem kümme korda päevas, aga kui vihastumise sagedus väheneb üheksale, seitsmele ja viiele korrale, kaob see lõpuks. Kui me seda tehes muudame oma südame heaks pinnaseks, vabanedes igasugusest patuloomusest, muutub süda „vaimseks".

Sellele lisaks tuleb meil istutada tõesõna, millega käsitakse teha teatud asju ja kinni pidada asjadest nagu armastusest, andestamisest, teiste teenimisest ja hingamispäeva pidamisest. Me ei hakka end siin täitma tõega alles pärast kogu valest vabanemist. Valest vabanemine ja vale tõega asendamine peab samaaegselt sündima. Kui me saame selle protsessi tulemusel oma südamesse vaid tõe, võib meid pidada vaimseks muutunud inimeseks.

Üks asi, millest me peame vaimseks inimeseks muutumise jaoks vabanema, on meie algses loomuses olev kurjus. Seda mullapinnasega võrreldes on algse loomuse kurjad omadused otsekui mullapinnase omadused. Vanemad pärandavad selle kurjuse lastele eluenergia ehk „chi" kaudu. Samuti, kui me puutume kokku kurjade asjadega ja aktsepteerime neid oma kasvu ajal, muutub meie loomus veelgi kurjemaks. Meie algses loomuses olev kurjus ei paljastu tavalistes oludes ja seda on raske mõista.

Seega, isegi kui meil tuleb vabaneda igasugusest nähtavast patust ja kurjusest, ei ole meie loomuse sügavuses olevast kurjusest väga lihtne vabaneda. Selle tegemiseks tuleb meil tuliselt palvetada ja selle leidmiseks ja sellest vabanemiseks vaeva näha.

Vaimu taastumine

Mõnel juhul tekib meie vaimses kasvus pärast teatud punkti jõudmist peetus, kuna meie loomuses on kurjus. Umbrohu väljatõmbamiseks tuleb see välja juurida ja lehtede ning varre eemaldamisest ei piisa. Samamoodi võib meil olla vaimne süda alles siis kui me mõistame ka kogu oma loomuomast kurja ja vabaneme sellest. Kui me muutume sel moel vaimseks inimeseks, on meie südametunnistus tõene ja me süda on täis vaid tõde. See tähendab meie südame vaimseks muutumist.

Liha jäljed

Vaimsete inimeste südames pole kurjust ja kuna nad on tulvil Vaimu, on nad alati õnnelikud. Aga see pole täielik. Neis on ikkagi „liha jälgi". Liha jäljed on seotud iga inimese algse loomusega. Näiteks, mõned on tõesed ja õiglased ja otsesed, aga neil jääb vajaka heldusest ja kaastundest. Teised taas võivad olla täis armastust ja tunda teistele andmisest heameelt, aga nad võivad olla liiga emotsionaalsed või neil võivad olla tahumata sõnad ja käitumine.

Kuna need iseloomulikud jooned jäävad inimeste isiksusse lihalike jälgedena, mõjutavad nad neid inimesi ikkagi ka pärast vaimseks muutumist. Samamoodi on vanade plekkidega riiete korral. Materjali esialgne värvus ei taastu täiesti ka pärast tugevat pesu. Neid lihajälgi ei saa kurjaks pidada, aga neist tuleb lahti saada ja täituda täiesti Vaimu üheksa viljaga, mis võimaldavad

185

meil tervet vaimu saada. Me võime öelda, et süda, milles puudub igasugune väärus nagu hästiküntud põllus, on „vaim". Kui seeme külvatakse hästiharitud pinda ja see annab ilusa vaimuvilja, võime me taolist südant „terve vaimuga" südameks pidada.

Kui kuningas Taavet vaimu läks, lasi Jumal ta ellu katsumusel tulla. Ühel päeval andis Taavet Joabile korralduse rahvaloendus teha. See tähendab, et loeti üle inimesed, kes olid sõttamineku jaoks võimelised. Joab teadis, et see polnud Jumala ees õige ja püüdis Taavetit keelitada, et ta seda ei teeks. Aga Taavet ei kuulanud teda. Selle tulemusena tabas teda Jumala viha ja väga paljud surid katku.

Taavetile oli Jumala tahe väga hästi teada, kuidas ta siis võis taolisel sündida lasta? Kuningas Saul ajas Taavetit väga kaua aega taga ja võitles paganatega paljudes lahingutes. Kunagi aeti teda taga ja ta oma poeg ähvardas ta elu. Aga pärast kaua aja möödumist, kui ta poliitiline jõud oli väga kõikumatuks muutunud ja ta rahva jõud kasvas, muutus ta mõtlemise poolest lodevaks kui ta meeles valitses vabadus. Ta tahtis siis hoobelda oma maa inimeste suure arvu üle.

Nii nagu kirjutatakse 2. Moosese raamatus 30:12: „Kui sa arvestad Iisraeli laste päid, neid, kes ära loetakse, siis andku iga mees oma hinge eest lunaraha Isandale, et neid ei tabaks nuhtlus, kui nad ära loetakse!" Kord andis Jumal iisraellastele pärast väljarännet käsu rahvas üle lugeda, aga see oli rahva

Vaimu taastumine

organiseerimiseks vajalik. Igaüks nende seast pidi enese eest Isandale lunatasu andma, mis aitas mäletada, et igaühe elu oli vaid Jumala kaitse tõttu olemas ja et nad oleksid alandlikud. Rahvaloenduse tegemises ei ole iseenesest midagi patust; vajadusel võis seda teha. Aga Jumal tahtis, et rahvas oleks Jumala ees alandlik ja tunnistaks seda, et suure rahvahulga omamise jõud pärines Jumalalt.

Aga Taavet korraldas rahvaloenduse, kuigi Jumal ei andnud talle selle tegemiseks käsku. See paljastas iseenesest tema südant, mis ei toetunud Jumalale, vaid inimestele, sest suure rahvahulga omamine tähendas, et tal oli palju sõjamehi ja tugev riik. Kui Taavet oma viga mõistis, parandas ta otsekohe meelt, aga ta oli juba suurte katsumuste teele läinud. Katk tabas kogu Iisraeli ja 70 000 inimest surid otsekohe.

Muidugi ei olnud nii paljude inimeste surm vaid Taaveti uhkusest tingitud. Kuningas võis rahvaloendust igal ajal teha ja ta ei kavatsenud pattu teha. Seega inimlikust vaatenurgast ei saa öelda, et ta patustas. Aga täiusliku Jumala perspektiivist võis Tema öelda, et Taavet ei toetunud täielikult Jumalale ja oli uhke.

On asju, mida inimeste arvates kurjaks ei peeta, aga täiusliku Jumala arvates võib neid kurjaks pidada. Need on „liha jäljed", mis jäävad ka pühitsusele jõudmise järgselt. Jumal lubas niisugusel katsumusel Taaveti kaudu Iisraeli maad tabada, et teda nende lihalike jälgede eemaldamise kaudu veelgi täiuslikumaks teha. Aga Iisraeli maale katku tuleku peapõhjuseks olid rahva patud, mis põhjustasid Jumala viha. 2. Saamueli raamatus 24:1 kirjutatakse: „Aga Isanda viha süttis taas põlema Iisraeli vastu ja Ta kihutas Taavetit nende vastu, öeldes: „Mine loe ära Iisrael ja Juuda!"

Seega ei karistatud katkuga häid inimesi, kes võisid pääseda. Surid vaid need, kes tegid niisuguseid patte, mis polnud Jumalale meelepärased. Aga Taavet leinas nii palju ja parandas põhjalikult meelt, nähes inimesi oma käitumise tõttu suremas. Seega Jumal tegutses topelt, aga sama sündmust kasutades. Ta karistas patuseid ja puhastas samal ajal Taavetit.

Pärast karistust lasi Jumal Taavetil Arauna rehepeksupõrandal patuohvri tuua. Taavet tegi seda, mida Jumal tal teha käskis. Ta võttis selle koha ja hakkas Templi ehitust ette valmistama, seega me võime näha, et Jumala arm tema elus taastus. Selle katsumuse kaudu alandus Taavet veelgi enam ja see oli tema jaoks täieliku vaimu poole liikumise sammuks.

Terve vaimuga olemise tõendus

Kui me saavutame terve vaimu taseme, on seda kinnitavaid tõendusi, mis tähendab, et me kanname külluslikku vaimuvilja. Aga see ei tähenda, et me ei kanna mingit vilja enne terve vaimu tasemele jõudmist. Vaimsed inimesed on vaimse armastuse, Valguse vilja, Püha Vaimu üheksa vilja ja õndsakskiitmiste viljakandmise protsessis. Kuna nad on ikka viljakandmise protsessis, ei ole nad vilja täiesti kandma hakanud. Iga vaimne inimene on erineval vaimse vilja kandmise tasemel.

Näiteks, kui inimene kuuletub Jumala käskudele, millega tal käsitakse midagi „pidada" ja „ära heita", pole tal mingis olukorras vihkamist ega vimmatunnet. Aga erinevate vaimsete inimeste viljakandmise määr on erinev, vastavalt Jumala käsule, millega meil käsitakse „teha" teatud asju. Näiteks Jumal käsib meil „armastada". Ja on tase, kus inimene lihtsalt ei vihka teisi, kuna on ka teine tase, kus võib aktiivse teenimisega teiste südant liigutada. Lisaks, on tase, kus te võite isegi oma elu teiste eest anda. Kui niisugune tegu on muutumatu ja täiuslik, võib öelda, et inimese sisse on kasvanud terve vaim.

Samuti on olemas erinevused igaühe Püha Vaimu vilja kandmise määras. Vaimsete inimeste korral võib inimene kanda teatud vilja täismäärast 50% tasemel ja teine 70% tasemel. Üks inimene võib omada rohket armastust, aga tal võib olla puudu enesevalitsusest või ta võib olla väga ustav, aga vajada tasadust.

Aga täieliku vaimuga inimesed kannavad Püha Vaimu vilja täiesti, täiel määral. Püha Vaim liigub ja valitseb nende südant 100%, seega neil on kõige kooskõla ja neil pole mingist asjast puudust. Neil on lõõmav kirg Isanda suhtes ja samas täiuslik enesevalitsus igas olukorras kohaselt käitumiseks.

Nad on leebed ja õrnad nagu vatitups ja ometi on neil lõvi väärikus ja meelevald. Neis on armastus, mis taotleb teiste kasu kõigis asjus ja isegi toob oma elu teiste eest ohvriks, aga nad ei ole mingis suunas kaldu. Nad kuuletuvad Jumala õiglusele. Isegi kui Jumal käsib neil midagi inimvõimete jaoks võimatut teha, kuuletuvad nad lihtsalt „jah" ja „aamen" öeldes.

Vaimsete ja terve vaimuga inimeste sõnakuulelikkuse teod võivad välispidiselt samasugused välja näha, aga tegelikult on need erinevad. Vaimsed inimesed kuuletuvad, sest nad armastavad Jumalat, aga terve vaimuga inimesed kuuletuvad Jumala südamepõhjale ja kavatsusele. Terve vaimuga inimesed on muutunud tõelisteks jumalalasteks, kellel on Tema süda ja kes on igati jõudnud Kristuse täisea mõõduni. Nad taotlevad pühitsust kõige poolest ja on kõigiga rahujalal ning ustavad kogu Jumala koja üle.

1. Tessaloonikaklastele 4:3 öeldakse: „Jah, see on Jumala tahtmine: teie pühitsus, et te hoiduksite hooruse eest." Ja 1. Tessaloonikaklastele 5:23 öeldakse: „Aga rahu Jumal ise pühitsegu teid läbinisti ning teie vaim ja hing ja ihu olgu tervikuna hoitud laitmatuna meie Isanda Jeesuse Kristuse tulemiseni."

Meie Isanda Jeesuse Kristuse tulek tähendab, et Ta tuleb oma lastele enne seitsmeaastast kannatuseaega järele. See tähendab, et me peame saama terve vaimu taseme ja end täielikuna hoidma, et enne selle sündimist Isandaga kohtuda. Kui me saame terve vaimu, kuuluvad meie hing ja ihu vaimu juurde ja me oleme laitmatud ning võime Isanda niimoodi vastu võtta.

Vaimsete ja terve vaimuga inimeste õnnistused

Vaimsete inimeste hinge lugu on hea, seega kõik asjad edenevad nende elu ja nad on terved (3. Johannese 1:2). Nad on saanud lahti isegi südamepõhjas olevast kurjusest, seega nad on tõelises mõttes Jumala pühad lapsed. Seega võivad nad kasutada Valguse lastele kuuluvat vaimset meelevalda.

Esiteks, nad on terved ja ei haigestu. Kui me saame vaimseks kaitseb Jumal meid haiguste ja õnnetuste eest ja me võime tervelt elada. Isegi kui me vananeme, me ei igane ega nõrke ja meil ei teki rohkem kortse. Lisaks, kui me saame terve vaimu, sirgenevad ka meie kortsud. Nad noorenevad veelgi ja nende jõud taastub.

Kui Aabraham läbis Iisaku ohvrikstoomise läbikatsumise, sai ta terve vaimu; ta sigitas lapsi ka 140-aastaselt. See tähendas, et ta noorenes. Ka Mooses oli kõigist maapealsetest alandlikum ja tasasem ja ta töötas pärast seda kui Jumal teda 80-aasta vanuses kutsus, veel 40 aastat. Isegi siis kui ta oli 120-aastane „ta silm ei olnud tuhmunud ega ramm raugenud" (5. Moosese raamat 34:7).

Teiseks, vaimsete inimeste südames pole kurjust, seega vaenlane kurat ja saatan ei saa nende ellu läbikatsumisi ega katsumusi tuua. 1. Johannese 5:18 öeldakse: „Me teame, et ükski, kes on sündinud Jumalat, ei tee pattu, sest Jumalastsünnitatu hoiab ennast ja kuri ei puuduta teda." Vaenlane kurat ja saatan süüdistavad lihalikke inimesi ja toovad nende ellu läbikatsumisi ja katsumusi.

Iiob oli algselt olukorras, kus ta ei olnud kogu oma loomuomasest kurjusest vabanenud, seega kui saatan süüdistas teda Jumala ees, lubas Jumal katsumustel aset leida. Iiob taipas oma kurjust ja parandas meelt, kui ta läbis saatana süüdistustest tingitud katsumused. Aga kui ta vabanes oma loomuomasest kurjusest ja läks vaimu, ei saanud saatan Iiobit enam süüdistada. Seega Jumal õnnistas teda ja andis talle kõike, mis tal varem oli olnud, kahekordselt tagasi.

Kolmandaks, vaimsed inimesed kuulevad selgelt Püha Vaimu häält ja saavad Temalt juhatust, seega neid juhitakse kõiges edu teele. Vaimsete inimeste süda on muutunud tõeseks, seega nad elavad tegelikult Jumala Sõna kohaselt. Püha Vaim õhutab neid selgelt ja nad kuuletuvad sellele. Samuti, kui nad paluvad millegi juhtumist, püsivad nad muutumatu usuga kuni palve saab vastatud.

Kui me alati niimoodi kuuletume, juhatab Jumal meid ja annab meile tarkust ja arusaamist. Kui me jätame kõik täielikult Jumala kätesse, kaitseb Ta meid isegi siis, kui me eksikombel läheme seda teed, mis pole kooskõlas Tema tahtega; isegi kui meie teele on seatud lõks, paneb ta meid kas sellest mööda minema või pöörab kõik heaks.

Neljandaks, vaimsed inimesed saavad kiiresti kõik palvevastused; nad võivad saada palvevastuse isegi millegi peale südames mõteldes. 1. Johannese kirjas 3:21-22 öeldakse: „Armsad, kui meie süda ei süüdista, siis on meil julgus Jumala ees ja mida me iganes palume, seda me saame Temalt, sest me peame Tema käske ja teeme, mis on Tema silmis meelepärane." See õnnistus tabab neid.

Ka need inimesed, kellel puuduvad erioskused või -teadmised, ei saa vaid rohkeid vaimseid õnnistusi, aga ka materiaalseid õnnistusi, kui nad vaid lähevad vaimu, sest Jumal valmistab nende jaoks kõike ja juhatab neid.

Kui me külvame ja palume usus, saame me tihedaks vajutatud, raputatud, kuhjaga mõõdu õnnistuse (Luuka 6:38), aga kui me liigume vaimu, lõikame me 30 korda enam ja pärast terve vaimu saamist 60 või 100 korda enam. Niisugused vaimsed ja terve vaimuga inimesed võivad saada vaid südames millegi peale mõteldes ükskõik mida.

Terve vaimuga inimeste õnnistusi ei saa piisavalt hästi kirjeldada. Neil on Jumalast heameel ja seega on Jumalal neist heameel, nii nagu kirjutatakse Laulus 37:4: „Olgu sul rõõm Isandast, siis Ta annab sulle, mida su süda kutsub," Jumal annab omalt poolt neile mida iganes nad vajavad, olgu see raha, kuulsus, meelevallapositsioon või tervis.

Niisugused inimesed ei tunne, et nende isikliku elu tasemel midagi puudu oleks ja neil pole isiklikul tasemel tegelikult millegi eest palvetada vaja. Seega nad palvetavad alati jumalariigi ja selle õigsuse eest ja hingede eest, kes ei tunne Jumalat. Nende palved on ilusad ja Jumala ees tugevaks lõhnaks, sest need palved on head ja kurjuseta ning hingede eest. Seega, Jumalal on neist palvetest väga hea meel.

Kui täie vaimu saanud inimesed armastavad hingi ja talletavad innukaid palveid, võib ka nende läbi ilmneda hämmastav vägi nagu Apostlite tegudes 1:8: „vaid te saate väe Pühalt Vaimult, kes tuleb teie üle, ja te peate olema minu tunnistajad Jeruusalemmas ja kogu Juuda- ja Samaariamaal ning ilmamaa äärteni." Selgitatu kohaselt armastavad vaimsed ja terve vaimuga inimesed Jumalat äärmisel määral ja on Talle meelepärased ning saavad kõigi Piiblis lubatud tõotuste osaliseks.

2. peatükk
Jumala algne plaan

Jumal ei tahtnud, et Aadam elaks igavesti, tundmata tõelist õnne, rõõmu, tänu ja armastust. Sel põhjusel pani Ta aeda hea ja kurja tundmise puu, et Aadam võiks lõpuks kogeda kõiki lihalikke asju.

Miks Jumal ei loonud inimesi vaimudeks?

Vaba tahte ja meelespidamise tähtsus

Inimolendite loomise eesmärk

Jumal tahab, et tõelised lapsed Teda austaksid

Inimese kasvatamine on protsess, mille käigus lihalikud inimesed muudetakse taas vaimseteks inimesteks. Kui me seda ei mõista ja käime lihtsalt koguduses, on meie tegevus tähendusetu. Paljud inimesed käivad koguduses, aga nad ei ole Pühast Vaimust uuesti sündinud ja seega neil puudub päästelootus. Kristliku elu elamise eesmärgiks pole lihtsalt pääsemine, vaid ka Jumala kuju taastumine ja Jumala vastuarmastamine ja Tema tõeliste lastena Ta igavene austamine.

Mida siis Jumal algselt Aadamat elavaks vaimuks tehes ja inimesi maa peal kasvatades teha kavatses? 1. Moosese raamatus 2:7-8 öeldakse: „Ja Isand Jumal valmistas inimese, kes põrm on, mullast, ja puhus tema ninasse eluhinguse: nõnda sai inimene elavaks hingeks. Ja Isand Jumal istutas Eedeni rohuaia päevatõusu poole ja pani sinna inimese, kelle Ta oli valmistanud."

Jumal lõi taevad ja maa peamiselt oma Sõnaga. Aga inimese vormis Ta oma kätega. Samuti loodi taevaväed ja Taeva inglid vaimudeks. Aga isegi kui inimese lõplikuks elukohaks oli ette nähtud Taevas, ei kehtinud see nende kohta. Miks Jumal hakkas tegelema nii keerulise asjaga nagu inimese maapõrmust loomine? Miks Ta ei teinud inimesi kohemaid vaimudeks? Siin peitub Jumala spetsiaalne plaan.

Miks Jumal ei loonud inimesi vaimudeks?

Kui Jumal oleks inimesed maapõrmu kasutamise asemel vaimuks loonud, poleks inimesed suutnud midagi lihalikku kogeda. Kui nad oleksid vaid vaimuks loodud, oleksid nad Jumala Sõnale kuuletunud ja poleks kunagi hea ja kurja tundmise puust söönud. Pinnase olemus võib muutuda vastavalt sellesse, mida pinnasesse pannakse. Aadam võis rikutud saada hoolimata sellest, et ta oli vaimses ruumis, kuna ta loodi maapõrmust. Aga see ei tähenda, et ta oleks algusest peale riknenud.

Eedeni aed on vaimne ruum, mis on täis Jumala energiat ja seega saatanal puudus võimalus Aadama südamesse mingite lihalike omaduste panekuks. Aga kuna Jumal andis Aadamale vaba tahte, võis ta liha selle soovi ja teotahte korral aktsepteerida. Kuigi ta oli elav vaim, võis liha temasse tulla, kui ta liha tahtlikult aktsepteeris. Pärast pika aja möödumist avas ta oma südame saatana kiusamisele ja aktsepteeris liha.

Tegelikult andis Jumal inimestele vaba tahte esialgselt inimese kasvatamise jaoks. Kui Jumal poleks Aadamale vaba tahet andnud, poleks Aadam midagi lihalikku aktsepteerinud. See tähendab ka, et inimese kasvatamist poleks kunagi toimunud. Jumala ettehoolde raames pidi inimkonna jaoks aset leidma inimese kasvatamine ja Jumal ei loonud kõike teades Aadamat vaimolendiks.

Vaba tahte ja meelespidamise tähtsus

1. Moosese raamatus 2:17 kirjeldatakse: „...aga hea ja kurja tundmise puust sa ei tohi süüa, sest päeval, mil sa sellest sööd, pead sa surma surema!" Nii nagu selgitatud, Jumal lõi Aadama maapõrmust ja andis talle vaba tahte oma põhjatu ettehoolde raames. See oli inimese kasvatamiseks. Inimesed võivad tõeliste jumalalastena esile tulla alles pärast inimese kasvatusprotsessi läbimist.

Üks põhjustest, miks patt võis Aadamasse tulla, seisnes tema vabas tahtes, aga teine põhjus seisnes selles, et ta ei pidanud Jumala Sõna meeles. Jumala Sõnast kinnipidamiseks on vaja Tema Sõna südamesse uuristada ja muutumatult selle kohaselt elada.

Mõned inimesed kordavad sama viga, aga teised ei tee sama viga teistkordselt. Selle põhjuseks on erinevus meelespidamisel või selle mitte tegemisel. Patt tuli Aadamasse, kuna ta ei teadnud, kuivõrd tähtis oli Jumala Sõna meeles pidada. Teisalt, me võime vaimse seisundi taastada Jumala Sõna meeles pidades ja sellele kuuletudes. Sellepärast on vaja Jumala Sõna meeles pidada.

Pärispatu tõttu surnud vaim elustub inimestes pärast Jeesuse Kristuse vastuvõtmist. Sellest hetkest edasi sünnitavad nad Jumala Vaimu meelespidamise ja ellurakendamise korral Vaimu kaudu vaimu. Nad võivad vaimselt kiiresti kasvada. Seega etendab Jumala Sõnast kinnipidamine ja selle muutumatu ellurakendamine vaimu taastumisel väga olulist osa.

Inimolendite loomise eesmärk

Taevas on palju vaimseid olendeid, nagu näiteks Jumalale kogu aeg kuuletuvad inglid. Aga neil puudub inimlikkus, välja arvatud mõned väga erilised juhtumid. Neil pole vaba tahet, mille alusel otsustada armastada. Sellepärast Jumal lõi esimese inimese Aadama olendiks, kellega Ta võis oma tõelist armastust jagada.

Kujutage vaid hetkeks üksnes Jumala õnne esimest inimest Aadamat tehes. Jumal vormis Aadama huuli ja tahtis, et ta kiidaks Jumalat; kui Ta tegi ta kõrvu, tahtis Ta, et Aadam kuuleks Jumala häält ja kuuletuks sellele; kui Ta tegi tema silmi, tahtis Ta, et ta näeks ja tunnetaks kõigi Tema loodud asjade ilu ja austaks

Jumalat.

Jumal lõi inimolendid, et nende läbi kiitust ja au saada ja nendega armastust jagada. Ta tahtis lapsi, kellega Ta oleks saanud jagada kogu universumi ja Taeva kõigi asjade ilu. Ta tahtis nendega igavest õnne kogeda.

Johannese ilmutuses võib näha päästetud jumalalapsi igaviku jooksul Jumala trooni ees kiitmas ja ülistamas. Kui nad Taevasse lähevad, on seal ilus ja rõõmus ja neil ei jää üle muud kui Jumalat kogu südamest kiita ja ülistada selle eest, et Jumala ettehoole on nii põhjatu ja saladuslik.

Inimesed loodi elavaks vaimuks, aga neist said lihalikud inimesed. Aga kui neist saavad taas vaimsed inimesed pärast igasuguse rõõmu, viha, armastuse ja kurbuse kogemist, võivad nad saada tõelisteks jumalalasteks, kes armastavad, tänavad ja austavad Jumalat kogu südamepõhjast.

Kui Aadam elas Eedeni aias, ei saanud teda tõeliseks jumalalapseks pidada. Jumal õpetas talle ainult headust ja tõde ja seega ta ei teadnud, mis oli patt ja kurjus. Tal polnud mingit ettekujutust, missugune oli õnnetu olek ja valu. Eedeni aed oli vaimne ruum ja seal pole kadu ega surma.

Sellepärast Aadam ei teadnud surma tähendust. Kuigi ta elas nii suure külluse ja rikkuse keskel, ei tundnud ta tõelist õnne, rõõmu ega tänutunnet. Kuna ta ei kogenud kunagi kurbust ega ebaõnne, ei suutnud ta ka vastavalt tõelist rõõmu ega õnne tunda. Ta ei teadnud, mis oli vihkamine ja ta ei teadnud, missugune oli tõeline armastus. Jumal ei tahtnud, et Aadam elaks igavesti, tundmata tõelist õnnetunnet, rõõmu, tänu ja armastust. Sellepärast pani Ta Eedeni aeda hea ja kurja tundmise puu, et Aadam võiks lõpuks liha kogeda.

Kui lihalikku maailma kogenud inimestest saavad taas jumalalapsed, mõistavad nad väga kindlalt, kui hea on vaim ja kui väärtuslik on tõde. Siis saavad nad Jumalat tõelise elu anni eest tõeselt tänada. Kui me mõistame niisugust Jumala südant, ei küsitle me Tema kavatsust, miks Ta tegi hea ja kurja tundmise puu ja pani inimesed seetõttu kannatama. Aga selle asemel me täname ja austame Jumalat selle eest, et Ta andis inimkonna pääsemiseks oma ainusündinud Poja Jeesuse.

Jumal tahab, et tõelised lapsed Teda austaksid

Jumal ei loonud inimkonda vaid tõeliste laste saamiseks, aga samuti nende kaudu au saamiseks. Jesaja 43:7 öeldakse: „Kõik, keda nimetatakse minu nimega ja keda ma oma auks olen loonud, kujundanud ning valmis teinud." Samuti öeldakse 1. Korintlastele 10:31: „Niisiis, kas te nüüd sööte või joote või teete midagi muud – tehke seda Jumala austamiseks!"

Jumal on armastuse ja õigluse Jumal. Ta ei valmistanud meie

jaoks ainult Taevast ja igavest elu, aga Ta andis meie päästmiseks oma ainusündinud Poja. Jumal on juba üksnes selle eest väärt au. Aga tegelikult Jumal ei tahtnud ainult au. Jumal tahab peamiselt austust seetõttu, et austada Jumalat austanud inimesi. Johannese 13:32 öeldakse: „Kui Jumal on Temas kirgastatud, siis kirgastab Jumal Temas ka ennast ja Ta kirgastab Teda just nüüd."

Kui Jumalat austatakse meie kaudu, õnnistab Ta meid maa peal ülevoolavalt ja annab meile ka taevariigis igavese au. 1. Korintlastele 15:41 öeldakse: „Isesugune on päikese kirkus ja isesugune kuu kirkus ja isesugune tähtede kirkus, sest ka täht erineb tähest kirkuse poolest."

Siin räägitakse erinevatest eluasemetest ja aust, mis kuulub igale päästetule taevariigis. Taevased eluasemed ja au määratakse selle alusel, kui palju me pattudest vabaks saime, et saada omale puhas ja püha süda ja kui ustavalt me teenime jumalariiki. Kui need omistatakse meile, on need muutumatud.

Jumal lõi inimesed, et saada omale tõelisi vaimseid lapsi. Jumala algne plaan oli, et inimene otsustaks oma vabast tahtest vale juurde kuuluvast lihast ja hingest vabaneda ja muutuda vaimseteks ja terve vaimuga inimesteks. See Jumala esialgne kavatsus inimolendite loomisel ja kasvatamisel täitub vaimsete ja terve vaimuga inimeste kaudu.

Kui paljud elavad teie arvates tänapäeval Jumala inimolendite loomise eesmärgi väärilist elu? Kui me tõesti mõistaksime, miks Jumal lõi inimolendid, taastaksime me kindlasti Aadama patu tõttu kadumaläinud Jumala kuju. Me näeksime, kuuleksime ja räägiksime vaid tõeselt ja kõik me mõtted ja teod oleksid pühad ja täiuslikud. Niimoodi saadakse Jumala tõelisteks lasteks, kes toovad Talle suuremat rõõmu kui Ta koges pärast esimese inimese Aadama valmistamist. Niisugused tõelised jumalalapsed kogevad Taevas au, mida ei saa võrrelda auga, mida elav vaim Aadam koges Eedeni aias!

3. peatükk
Tõeline inimolend

Jumal lõi inimesed oma kuju järele. Jumal tahtis tõsimeelselt, et meis taastuks Jumala kadumaläinud kuju ja me saaksime osa Jumala jumalikust loomusest.

Inimeste täiskohus

Jumal käis Eenokiga

Jumala sõber Aabraham

Mooses armastas oma rahvast rohkem kui oma elu

Apostel Paulus näis olevat Jumala sarnane

Ta kutsus neid jumalateks

Kui me teeme Jumala Sõna kohaselt, võib meis taastuda vaimne süda, mis on täis tõeteadmist ja sarnaneb Aadama südamele ajal kui ta oli enne patu tegemist elav vaim. Kogu inimese täiskohuseks on taastada Aadama patu tõttu kadumaläinud Jumala kuju ja saada osa Jumala jumalikust loomusest. Piiblist võib näha, et Jumala Sõna vastuvõtnud ja edastanud inimesi, kes rääkisid Jumala saladusi ja kelle läbi sai ilmsiks elavat Jumalat näitav Jumala vägi, peeti nii üllasteks, et isegi kuningad kummardusid nende ette, kuna nad olid Kõigekõrgema Jumala tõelised lapsed (Laul 82:6).

Paabeli kuningas Nebukadnetsar nägi kord unenägu, mis tegi ta murelikuks. Ta kutsus kokku võlurid ja kaldelased, et need räägiksid talle unenäo ja selle tõlgenduse, ilma unenäo sisu teadmata. Seda polnud võimalik teha inimliku väega, seda suutis vaid Jumal, kes ei ela inimkehas.

Aga Taaniel, kes oli jumalamees, palus kuningalt aega, et Jumal võiks talle unenäo tõlgendust näidata. Jumal näitas Taanielile öise nägemuse ajal salajasi asju. Taaniel läks kuninga ette ja rääkis talle unenäo ja andis ka selle tõlgenduse. Siis langes kuningas Nebukadnetsar silmili maha ja austas Taavetit ja andis korraldused talle ohvrianni toomiseks ja healõhnalise viiruki suitsutamiseks ja ka Jumala austamiseks.

Inimese täiskohus

Kuningas Saalomonil oli teistest rohkem hiilgust ja rikkust. Tema maa muutus isa Taaveti rajatud ühendkuningriigi baasilt järjest tugevamaks ja paljud naaberriigid maksid talle andamit. Kuningriik oli tema valitsusajal oma hiilgeaja tipus (1. Kuningate raamat 10). Aga aja jooksul ta unustas Jumal armu. Ta arvas, et kõik sündis vaid tema jõu läbi. Ta jättis Jumala Sõna hooletusse ja rikkus Jumala käsku, mis keelas tal pagananaisega abielluda. Ta võttis omale palju paganatest liignaisi, kuna ta oli juba kõrges eas. Ta rajas lisaks ka paganatest liignaiste soovil ohvrikünkad ja kummardas ka ise ebajumalaid.

Jumal hoiatas teda kaks korda, et ta ei järgneks võõrastele jumalatele, aga Saalomon ei kuuletunud. Lõpuks tabas neid järgmise sugupõlve ajal Jumala viha ja Iisrael jagati kaheks kuningriigiks. Ta võis saada mida iganes ta soovis, aga oma viimastel päevadel ta tunnistas: „Tühisuste tühisus," ütleb Koguja," tühisuste tühisus, kõik on tühine!" (Koguja 1:2).

Ta sai aru kõigi selle maailma asjade tähendusetusest ja ütles kokkuvõtlikult: „Lõppsõna kõigest, mida on kuuldud: „Karda

Jumalat ja pea Tema käske, sest see on iga inimese kohus!" (Koguja 12:13). Ta ütles, et inimese täiskohus oli karta Jumalat ja pidada Tema käske.

Mida see tähendab? Isanda kartus on kurja vihkamine (Õpetussõnad 8:13). Need, kes armastavad Jumalat, vabanevad kurjusest ja peavad Tema käske ja täidavad sel moel inimese täiskohuse. Meid võidakse pidada täielikeks inimolenditeks, kui me kasvatame Jumala kuju taastamiseks omale täielikult Isanda südame. Süveneme siis mõne Jumalale meelepärase usuisa ja tõelise usuga inimese näitesse.

Jumal käis Eenokiga

Jumal käis Eenokiga kolmsada aastat ja võttis ta siis elavana ära. Patu palk on surm ja see, et Eenok võeti surma nägemata Taevasse, tõendas seda, et ta oli Jumala arvates patuta. Ta sai omale puhta süütu südame, mis oli Jumala südame sarnane. Sellepärast ei saanud saatan teda elusalt ära võtmise ajal mitte millegi tõttu süüdistada.

1. Moosese raamatus 5:21-24 on see järgnevalt kirjas: „Kui Eenok oli elanud kuuskümmend viis aastat, siis sündis temale Metuusala. Ja Eenok kõndis pärast Metuusala sündimist koos Jumalaga kolmsada aastat, ja temale sündis poegi ja tütreid. Nõnda oli kõiki Eenoki elupäevi kolmsada kuuskümmend viis aastat. Eenok kõndis koos Jumalaga, ja siis ei olnud teda enam, sest Jumal võttis tema ära."

„Jumalaga kõndimine" tähendab, et Jumal on kogu aeg selle inimesega. Eenok elas Jumala tahte kohaselt kolmsada aastat. Jumal oli temaga kõikjal, kuhu ta läks.

Jumal on Valgus, headus ja armastus iseenesest. Niisuguse Jumalaga käimiseks ei tohiks me südames mingit pimedust olla ja me peame olema täis headust ja armastust. Eenok elas patuses maailmas, aga ta hoidis end puhtana. Ta edastas ka Jumala sõnumi maailmale. Juuda 1:14 öeldakse: „Aga nende kohta on ka Eenok, seitsmes Aadamast, ennustanud: „Vaata, Isand tuleb mitmekümne tuhande pühaga.'" Kirjutatu kohaselt rääkis ta inimestele Isanda teise tuleku ja kohtumõistmise kohta ette.

Piiblis ei öelda midagi Eenoki viimaste saavutuste kohta või selle kohta, kas ta tegi Jumala jaoks midagi erakordset. Aga Jumal armastas teda nii palju, sest ta suhtus Jumalasse aukartusega ja elas püha elu, vältides igasugust kurjust. Sellepärast võttis Jumal ta „noores eas" ära. Sel ajal elasid inimesed rohkem kui 900 aastat ja kui Eenok ära võeti, oli ta 365 aastane. Ta oli noor, jõuline mees.

Heebrealastele 11:5 kirjutatakse: „Usus võeti ära Eenok, et ta ei näeks surma, ja teda ei leitud enam, sest Jumal oli ta ära võtnud. Aga juba enne, kui ta ära võeti, oli ta saanud tunnistuse, et ta on olnud Jumalale meelepärane."

Isegi tänapäeval tahab Jumal, et te elaksite püha ja jumalikku elu puhta ja ilusa südamega, mis pole maailma poolt määrdunud, et Ta võiks meiega kogu aeg käia.

Jumala sõber Aabraham

Jumal tahtis, et inimkond saaks „usuisa" Aabrahami kaudu teada, missugune on tõeline jumalalaps. Aabrahami kutsuti „õnnistuste allikaks" ja „Jumala sõbraks." Sõber on inimene, keda võib usaldada ja kellega jagatakse saladusi. Muidugi, enne kui Aabraham suutis Jumalat täiesti usaldada, tuli teda teatud aja jooksul puhastada. Kuidas siis Aabraham tunnistati Jumala sõbraks?

Aabraham kuuletus vaid, öeldes „jah" ja „aamen". Kui Jumal kutsus teda esiteks oma kodulinnast lahkuma, ta lihtsalt kuuletus, mineku sihtkohta teadmata. Aabraham taotles ka teiste kasu ja rahu. Ta elas vennapoja Lotiga ja kui nad lahkuma pidid, andis ta vennapojale esimesena maa valiku õiguse. Temal onuna oli esmavaliku õigus, aga ta loovutas selle lihtsalt teisele.

Aabraham ütles 1. Moosese raamatus 13:9: „Eks ole kogu maa su ees lahti? Mine nüüd minu juurest ära, lähed sina vasakut kätt, lähen mina paremat kätt; lähed sina paremat kätt, lähen mina vasakut kätt."

Kuna Aabrahamil oli väga ilus süda, andis Jumal talle taas õnnistuse lubaduse. 1. Moosese raamatus 13:15-16 tõotas Jumal: „...sest kogu maa, mida sa näed, ma annan sinule ja su soole igaveseks ajaks! Ja ma teen su soo maapõrmu sarnaseks: kui keegi suudab maapõrmu ära lugeda, siis on sinugi sugu äraloetav."

Ühel päeval ründas mitme kuninga ühendvägi Soodomat ja Gomorrat, kus elas Aabrahami vennapoeg Lott ja nad võtsid inimesed sõjavangideks ja sõjasaaki. Aabraham juhtis oma kokku 318 väljaõppe saanud meest, kes olid tema kojas sündinud ja ajas neid Daanini taga. Ta tõi tagasi kogu vara ja samuti oma sugulase Loti koos tema varaga, samuti naised ja rahva.

Siis tahtis Soodoma kuningas sõjasaagi Aabrahamile tänutäheks anda, aga Aabraham ütles: „Ma ei võta lõngaotsa ega jalatsipaelagi kõigest sellest, mis on sinu oma, et sa ei saaks öelda: Mina olen Aabrami rikkaks teinud!" (1. Moosese raamat 14:23). Kuningalt millegi vastuvõtmises polnud midagi ebaõiglast, aga ta keeldus kuninga pakkumisest, et tõendada – kõik tema materiaalsed õnnistused tulid vaid Jumalalt. Ta taotles üksnes Jumala au puhta südamega, kus polnud isekaid soove ja Jumal õnnistas teda rikkalikult.

Kui Jumal käskis Aabrahamil oma poeg Iisak põletusohvriks tuua, kuuletus ta kohe, sest ta usaldas Jumalat, kes võis surnuist ellu äratada. Lõpuks määras Jumal ta usuisaks sõnadega: „Ma õnnistan sind tõesti ja teen su soo väga paljuks – nagu tähti taevas ja nagu liiva mere ääres – ja su sugu vallutab oma vaenlaste väravad!" (1. Moosese raamat 22:17-18). Lisaks lubas Jumal talle, et Jumala Poeg Jeesus, kellest sai inimkonna Päästja, sünnib tema järglaste seast.

Johannese 15:13 öeldakse: „Ei ole olemas suuremat armastust kui see, et keegi annab oma elu oma sõprade eest." Aabraham oli valmis ohverdama oma ainsat poega Iisakut, kes oli talle kallim kui ta oma elu, väljendades sellega oma armastust Jumala vastu. Jumal seadis Aabrahami inimese kasvatamise väljapaistvaks eeskujuks, kutsudes teda ta suure usu ja Jumala armastuse tõttu Jumala sõbraks.

Jumal on kõigeväeline ja seega Ta võib teha kõike ja anda meile kõike. Aga Ta õnnistab oma lapsi ja vastab nende palvetele määral, mil nad inimese kasvatamise kaudu tõeseks muutunud on, et nad võiksid Jumala armastust tunda tänades Tema õnnistuste eest.

Mooses armastas oma rahvast rohkem kui oma elu

Kui Mooses oli Egiptuse vürst, tappis ta oma rahva aitamiseks egiptlase ja pidi vaarao paleest pagema. Sellest ajast saadik elas ta karjasena nelikümmend aastat kõrbes, hoolitsedes karja eest.

Mooses oli alandlikus seisuses, karjateedes karja Midjani kõrbes ja ta pidi loobuma kogu oma Egiptuse vürstile omasest uhkusest ja eneseõigusest. Jumal ilmus alandlikule Moosesele ja tegi talle ülesandeks Iisraeli lapsed Egiptusest välja viia. Mooses pidi selle tegemise jaoks oma elu ohtu seadma, aga ta kuuletus ja läks vaarao juurde.

Iisraeli laste käitumist vaadeldes võib näha, kui suuremeelne oli Moosese süda kui ta kogu rahvast aktsepteeris ja nad omaks võttis. Raskustesse sattudes nurisesid inimesed Moosese vastu ja püüdsid teda isegi kividega surnuks visata.

Veepuuduse ajal kurtsid nad janu tõttu. Kui neil vett oli, kaebasid nad toidupuuduse tõttu. Kui Jumal andis neile taevast mannat, nurisesid nad lihapuuduse pärast. Nad ütlesid, et Egiptuses toideti neid hästi ja põlastasid mannat, pidades seda viletsaks roaks. Kui Jumal neilt lõpuks oma palge pööras, tulid kõrbest maod ja salvasid neid. Aga nad pääsesid ikkagi, sest Jumal kuulis Moosese tõsimeelset palvet. Inimesed tunnistasid, et Jumal oli Moosesega kaua aega, aga nad tegid kuldvasika ja kummardasid seda niipea kui Mooses oli nägemisulatusest kadunud. Pagananaised petsid neid samuti abielu rikkuma, mis tähistab ka vaimset abielurikkumist. Mooses palus Jumalat, nuttes selle rahva pärast. Ta pakkus Jumalale oma elu lunahinnaks nende andestuse eest, isegi kui nad ei mäletanud saadud armu.

2. Moosese raamatus 32:31-32 kirjutatakse:

Ja Mooses läks jälle Isanda juurde ning ütles: „Oh häda! See rahvas on teinud suurt pattu ja on enesele valmistanud kuldjumalad. Kui Sa nüüd siiski annaksid andeks nende patu! Aga kui mitte, siis kustuta mind oma raamatust, mille oled kirjutanud!"

Tema nime raamatust kustutamine tähendas siinsega, et ta poleks pääsenud ja oleks igaveses põrgutules ehk igavese surma tõttu kannatama pidanud. Mooses teadis seda väga hästi, kuid ta soovis, et tema eneseohverduse tõttu oleks rahvas andeks saada võinud. Kuidas Jumal end Moosest nähes teie arvates tunda võis? Mooses sai põhjalikult aru patte vihkava, ent patuseid päästa sooviva Jumala südamest ja Jumalal oli temast hea meel ning Ta armastas teda väga. Jumal kuulis Moosese armastusest tõusnud palvet ja Iisraeli rahvas pääses hävingust.

Kujutage ette ühelpool olevat teemanti, mis on veatu ja umbes rusikasuurune. Aga teiselpool on tuhandeid sama suuri kive. Mis nende seast on kallihinnalisem? Hoolimata kivide rohkusest, keegi ei vahetaks neid teemandi vastu välja. Samamoodi oli inimese kasvatamise käigus lõpuni läinud Mooses väärtuslikum miljonist muust kasvatamata inimesest (2. Moosese raamat 32:10).

4. Moosese raamatus 12:3 öeldakse Moosese kohta: „Aga mees, Mooses, oli väga alandlik, alandlikum kõigist inimestest maa peal" ja 4. Moosese raamatus 12:7 tagas Jumal teda sõnadega: „Nõnda aga ei ole mu sulase Moosesega, tema on ustav kogu mu kojas."

Piiblis räägitakse paljudes kohtades, kui palju Jumal Moosest armastas. 2. Moosese raamatus 33:11 öeldakse: „Ja Isand kõneles Moosesega palgest palgesse, nagu räägiks mees oma sõbraga." Samuti võib 2. Moosese raamatu 33. peatükist näha, et Mooses palus Jumalal end talle näidata ja Jumal vastas ta palvele.

Apostel Paulus näis olevat Jumala sarnane

Apostel Paulus tegi kogu eluaja jooksul Isanda jaoks tööd

ja sellest hoolimata tundis ta alati mineviku tõttu südamevalu, sest ta oli Isandat taga kiusanud. Seega ta võttis tänuga ja vabatahtlikult vastu kõik tõsised katsumused, sõnadega: „Mina olen ju apostlite seast kõige väiksem, see, keda ei kõlba hüüdagi apostliks, sest ma olen taga kiusanud Jumala kogudust" (1. Korintlastele 15:9).

Ta pandi vangi, teda peksti arvutul korral, sageli oli ta surmahädas. Viis korda sai ta juutidelt kolmkümmend üheksa piitsahoopi. Teda peksti kolm korda kaigastega, ühel korral kividega, kolmel korral elas ta läbi laevahuku, ta veetis ööpäeva meresügavuses. Ta oli sageli reisimas, ohus jõgedel, ohus röövlite tõttu, ohus oma kaasmaalaste pärast, ohus paganate pärast, ohus linnas, ohus tühermaal, ohus merel, ohus valevendade tõttu; ta tegi rasket tööd ja nägi vaeva, veetis palju unetuid öid, tundis nälga ja janu, oli sageli söömata, külmas ja paljalt.

Ta kannatas nii palju, et ta ütles 1. Korintlastele 4:9: „Mulle tundub, et Jumal on meid, apostleid, pannud kõige viimasele kohale nagu surmamõistetuid areenil kogu maailmale vaadata, nii inglitele kui inimestele."

Aga mispärast Jumal lubas niivõrd ustava apostel Pauluse ellu nii suurt tagakiusu ja raskusi? Jumal tahtis, et Paulus tuleks esile kristallkauni südamega inimesena. Paulus võis tõsistes olukordades, kus teda võidi igal hetkel kinni võtta või tappa, vaid Jumalale toetuda. Ta sai Jumalalt suurt tröösti ja rõõmu. Ta oli täiesti ennastsalgav ja temasse kasvas Isanda süda.

Pauluse järgnev tunnistus on väga liigutav, sest ta tuli katsumuste kaudu ilusa inimesena esile. Ta ei soovinud mingisuguseid raskusi vältida, kuigi tal oli inimesena neid väga raske taluda. Ta tunnistas oma armastust koguduse ja koguduseliikmete vastu 2. Korintlastele 11:28 sõnadega: „Peale kõige muu päevast päeva rahva kokkuvool minu juurde, mure kõigi koguduste pärast."

Ta ütles ka Roomlastele 9:3 oma rahva kohta, kes soovis teda tappa: „Sest ma sooviksin pigem ise olla neetud ja Kristusest lahutatud oma vendade heaks, kes on mu veresugulased." Siin tähistavad „mu vennad, mu veresugulased" Paulust väga tugevalt taga kiusanud juute ja varisere.

Apostlite tegudes 23:12-13 öeldakse: „Kui nüüd valgeks läks, heitsid juudid salanõusse ja vandusid vastastikku, et nad ei söö ega joo, enne kui nad Pauluse on tapnud. Neid, kes selle vandeseltsi olid loonud, oli rohkem kui nelikümmend meest."

Paulus ei pannud neid kunagi isiklikult tema suhtes vimma tundma. Paulus ei valetanud neile kunagi ega teinud neile kahju. Aga lihtsalt seetõttu, kuna ta kuulutas evangeeliumi ja oli tegev Jumala väega, moodustasid nad rühmituse, mis vandus tema elu võtta.

Sellegipoolest palus ta, et need inimesed võiksid pääseda, isegi kui see oleks sündinud tema enese pääsemise kaotamise hinnaga. Sellepärast andis Jumal talle nii suure väe: temas tekkis nii suur headus, mille tõttu ta oli valmis andma oma elu ohvriks nende eest, kes talle kahju teha püüdsid. Jumal lasi tal teha erakordseid tegusid, kurjad vaimud ja haigused lahkusid üksnes tema pealt võetud palverätikute või põllede haigete peale panemise kaudu.

Ta kutsus neid jumalateks

Johannese 10:35 öeldakse: „Kui see nimetab jumalaiks neid, kelle kohta Jumala Sõna käis – ja Pühakirja ei saa teha tühjaks!" Kui me võtame Jumala Sõna vastu ja elame selle kohaselt, muutume me tõesteks inimesteks, nimelt vaimseteks inimesteks, Niimoodi sarnanetakse Jumalale, kes on vaim: saades vaimseks inimeseks ja sellele lisaks terve vaimuga inimeseks. Ja samal määral võime me tulla esile Jumalale sarnaneva olendina.

2. Moosese raamatus 7:1 öeldakse: „Vaata, ma panen sind vaaraole jumalaks ja su vend Aaron olgu sulle prohvetiks." Lisaks öeldakse 2. Moosese raamatus 4:16: „Tema rääkigu sinu asemel rahvaga ja see olgu nõnda: tema on sulle suuks ja sina oled temale Jumalaks." Kirjutatu kohaselt andis Jumal Moosesele nii suure väe, et Mooses ilmus inimeste ette otsekui oleks ta Jumal.

Apostlite tegude 14. peatükis lasi apostel Paulus Jeesuse Kristuse nimel tõusta ja käia mehel, kes polnud varem iialgi käinud. Kui ta tõusis ja hüppas, hämmastusid inimesed väga ja ütlesid: „Jumalad on inimeste sarnastena tulnud alla meie juurde" (Apostlite teod 14:11). Nii nagu selles näites, Jumalaga käivad inimesed näivad Jumala sarnased olevat, sest nad on vaimsed inimesed, kuigi füüsilises ihus.

Sellepärast kirjeldatakse 2. Peetruse 1:4: „Sel viisil on meile kingitud kõige kallimad ja suuremad tõotused, et te nende kaudu võiksite põgeneda kaduvusest, mis valitseb maailmas himude tõttu, ja saada jumaliku loomuse osaliseks."

Saagem aru Jumala tõsimeelsest soovist, et inimesed võiksid saada Tema jumaliku loomuse osalisteks, et me vabaneksime kaduvast lihast, mis valmistab heameelt vaid pimeduse väele, sünnitaksime Vaimu kaudu vaimu ja oleksime tegelikult Jumala jumaliku loomuse osalised.

Kui me jõuame terve vaimu tasemele, tähendab see, et me oleme vaimu täielikult taastanud. Vaimu täielik taastumine tähendab, et meis on taastunud Aadama patu tõttu kadumaläinud Jumala kuju ja seega tähendab see, et me oleme saanud Jumala jumaliku loomuse osaliseks.

Sellele tasemele jõudes võime me saada Jumalale kuuluva väe. Jumala vägi on and, mis antakse Jumalaga sarnanevatele lastele (Laul 62:11). Jumala väe saamise tõendiks on tunnustähed ja imeteod, erakordsed imed ja imelised asjad, mis ilmnevad Püha Vaimu töö kaudu.

Niisuguse väe saamise järgselt võime me arvukaid inimesi elu ja pääsemise teele viia. Peetrus tegi Püha Vaimu väe kaudu palju suurejoonelisi tegusid.

Vaid ühekordse jutlustamise läbi sai enam kui viistuhat meest päästetud. Jumala vägi tõendab, et elav Jumal on teatud inimesega. See on ka kindel tee inimestesse usu istutamiseks.

Inimesed ei usu üldse, kui nad ei näe tunnustähti ja imesid (Johannese 4:48). Seega, Jumal ilmutab oma väge terve vaimuga inimeste kaudu, kelles vaim on täielikult taastunud, et inimesed võivad uskuda elavat Jumalat, Päästjat Jeesust Kristust, Taeva ja põrgu olemasolu ja Piibli tõepärasust.

4. peatükk
Vaimusfäär

Piiblis räägitakse meile sageli vaimusfäärist ja selle kogemisest. Me läheme ka pärast oma maapealset elu vaimusfääri.

Apostel Paulus teadis vaimusfääri saladusi

Piiblis kirjeldatud piiramatu vaimusfäär

Taevas ja põrgu on kindlasti olemas

Pääsemata hingede surmajärgne elu

Nii erinevad nagu päikese ja kuu kirkus

Taevast ei saa Eedeni aiaga võrrelda

Uus Jeruusalemm, parim kingitus tõelistele jumalalastele

Kui need inimesed, kelles Jumala kadumaläinud kuju on taastunud, lõpetavad oma maapealse elu, naasevad nad vaimusfääri. Erinevalt füüsilisest sfäärist, on vaimusfäär piiramatu koht. Selle kõrgust, sügavust või laiust ei ole võimalik mõõta.

Sellist hiiglasuurt vaimusfääri võib jagada Jumalale kuuluvaks valguseruumiks ja pimedusele kuuluvaks ruumiks, mis on kurjade vaimude jaoks lubatud koht. Valguseruumis on taevariik, mis on usu läbi päästetud jumalalastele valmistatud. Heebrealastele 11:1 öeldakse: „Usk on loodetava tõelisus, nähtamatute asjade tõendus." Öeldu kohaselt on vaimusfäär nähtamatu maailm. Aga nii nagu füüsilises maailmas ei saa tuule reaalsust konkreetselt tõendada, ent tuul on ometi olemas, on usulootus füüsilises maailmas tegelikult lootusetu asja suhtes selle asja olemasolu kinnitav ilmne tõend.

Usk on värav, mis ühendab meid vaimusfääriga. See on tee, mis võimaldab meil, selles füüsilises maailmas elavatel inimestel, kohtuda vaimusfääris oleva Jumalaga. Usu läbi võime me suhelda

Jumalaga, kes on Vaim. Me võime oma avatud vaimukõrvade ja vaimusilmade kaudu kuulda ja mõista Jumala Sõna ja näha vaimusfääri, mida füüsiliste silmadega ei ole võimalik näha.

Usu kasvades on meil suurem taevariigi lootus ja me mõistame Jumala südant põhjalikumalt. Kui me Ta armastust mõistame ja tunneme, ei saa me end Teda armastamast tagasi hoida. Pealegi, kui me omandame täiusliku usu, toimuvad vaimusfääris füüsilise maailma jaoks täiesti võimatud asjad, sest Jumal on meiega.

Apostel Paulus teadis vaimusfääri saladusi

2. Korintlastele 12:1 ja edasi selgitab Paulus oma vaimusfääri kogemust sõnadega: „Tuleb kiidelda, ehkki sellest pole kasu. Nüüd tahan ma tulla nägemuste ja Isanda ilmutuste juurde." See puudutas tema kolmanda taevariigi taseme paradiisikogemust.

2. Korintlastele 12:6 ütleb ta: „Jah, kui ma tahaksingi kiidelda, ei oleks ma rumal, sest ma räägiksin tõtt. Aga ma loobun sellest, et mõni ei arvaks minust enamat, kui ta mind näeb olevat või mida ta minult kuuleb." Apostel Paulusel oli palju vaimseid kogemusi ja ta sai Jumalalt ilmutusi, aga ta ei saanud rääkida kõigest, mis puudutas vaimusfääri.

Johannese 3:12 ütles Jeesus: „Te ei usu mind juba siis, kui

ma räägin maistest asjadest, kuidas te usuksite siis, kui ma teile räägiksin taevaseid asju?" Jeesuse jüngrid ei suutnud Teda täielikult uskuda ka pärast paljude väetegude pealtnägemist. Nad tulid tõesele usule alles pärast Isanda ülestõusmise tunnistamist. Pärast seda pühendasid nad oma elu jumalariigile ja evangeeliumi levitamisele. Samamoodi tundis apostel Paulus vaimusfääri väga hästi ja ta täitis oma ülesande elu jooksul täielikult.

Kas meil pole võimalik Pauluse moel saladuslikku vaimusfääri tunda ja mõista? Muidugi on. Esiteks me peaksime vaimusfääri igatsema. Vaimusfääri tõsimeelne igatsemine tõendab, et me tunnustame ja armastame Jumalat, kes on vaim.

Piiblis kujutatud piiramatu vaimusfäär

Piiblist võib leida palju vaimusfääri ja vaimsete kogemuste kohta kirjutatut. Aadam loodi elavaks olendiks ehk elavaks vaimuks ja ta võis Jumalaga suhelda. Isegi pärast teda oli palju prohveteid, kes suhtlesid Jumalaga ja kuulsid vahel otse Jumala häält (1. Moosese raamat 5:22, 9:9-13; 2. Moosese raamat 20:1-17; 4. Moosese raamat 12:8). Vahel ilmusid inimestele Jumala sõnumi edastamiseks inglid. Samuti on olemas ülestähendused nelja elava olendi (Hesekieli 1:4-14), keerubite (2. Saamueli raamat 6:2; Hesekieli 10:1-6), tuliste hobuste ja kaarikute (2. Kuningate raamat 2:11, 6:17) kohta, mis kuuluvad vaimusfääri.

Punane meri lahknes kaheks. Jumalamehe Moosese kaudu tuli kaljust vesi välja. Päike ja kuu peatusid ja jäid Joosua palve peale seisma. Eelija palus Jumalat ja tõi taevast tule alla. Pärast seda kui Eelija oli kõik oma maapealsed ülesanded lõpetanud, võeti ta tuulekeerises Taevasse. Need on mõned näited juhtumitest, kus vaimusfäär avanes füüsilisse ruumi.

Lisaks läkitas 2. Kuningate raamatu 6. peatükis Süüria kuningas Eliisat kinni võtma, Eliisa sulase Geehasi vaimusilmad avanesid ja ta nägi suurt hulka tuliseid hobuseid ja kaarikuid, mis ümbritsesid Eliisat, et teda kaitsta. Taaniel visati kaasõukondlaste sepitsuse tõttu lõukoerte koopasse, aga ta ei saanud viga, sest Jumal saatis oma ingli lõukoerte suid sulgema. Taanieli kolm sõpra ei kuuletunud kuningale ja püsisid usus ning visati tulisesse ahju, mis oli köetud tavalisest seitse korda kuumemaks. Aga ükski nende juuksekarv ei põlenud ära.

Ka Jumala Poeg Jeesus riietus inimihusse, kui Ta maa peale tuli, aga Tema läbi said ilmsiks piiramatusse vaimusfääri kuuluvad asjad, ta ei olnud seotud füüsilise ruumi piirangutega. Ta elustas surnud, tervendas eri haigustest ja käis vee peal. Lisaks ilmus Ta pärast ülestõusmist oma kahele jüngrile teel Emmausse (Luuka 24:13-16) ja Ta läks läbi majaseinte ning ilmus majasiseselt jüngritele, kes kartsid juute ja olid majas luku taga (Johannese 20:19).

See on tegelikult teleportatsioon ehk füüsilisest ruumist läbiminek. See näitab, et vaimusfäär ületab aja ja ruumi piirangud. On olemas vaimne ruum, mis erineb silmaga nähtavast füüsilisest ruumist ja Ta liikus selles vaimusfääris ja ilmus soovitud kohta soovitud ajal.

Jumalalapsed, kes on taevariigi kodakondsed, peavad igatsema vaimseid asju. Jumal laseb niisuguse igatsusega inimestel vaimusfääri kogeda, nii nagu Ta ütles Jeremija 29:13: „Ja te otsite mind ja leiate minu, kui te nõuate mind kõigest oma südamest."

Me võime liikuda vaimus ja Jumal võib avada meie vaimusilmad, kui me saame selle igatsuse raames vabaks ka oma eneseõigusest, egoistlikest mõistetest ja enesekesksetest mõttemallidest.

Apostel Johannes oli üks Jeesuse kaheteistkümnest jüngrist (Johannese ilmutus 1:1, 9). Aastal 95 m.a.j. lasi Rooma keiser Domitianus ta kinni võtta ja keeva õli patta visata. Aga ta ei surnud. Ta pagendati Egeuse meres olevale Patmose saarele, kus ta kirjutas Johannese ilmutuse.

Johannes pidi suurte ilmutuste saamiseks teatud tingimustele vastama. Tingimuseks oli, et ta pidi olema püha ja kurjuseta ning Isanda südamega. Ta võis Püha Vaimu sisendusel Taeva sügavad saladused ja ilmutused maa peale tuua tulihingeliste palvete kaudu, mis tõusid täiesti pühast ja puhtast südamest.

Taevas ja põrgu on tõesti olemas

Vaimusfääris on Taevas ja põrgu. Jumal näitas mulle veidi pärast Manmini koguduse avamist palves Taevast ja põrgut. Taevas kogetud ilu ja õnne ei ole võimalik sõnadega väljendada ega edastada.

Uue Testamendi ajal saavad inimesed, kes võtavad Jeesuse Kristuse oma Päästjaks vastu, oma patud andeks ja pääsevad. Nad lähevad pärast oma maapealse elu lõppu esiteks ülahauda. Seal on nad kolm päeva, et kohaneda vaimusfääriga ja lähevad pärast seda edasi taevariigi paradiisi ootekohta. Usuisa Aabraham oli Isanda taevasseminekuni ülahaua eest vastutav ja sellepärast on Piiblis kirjas, et vaene mees Laatsarus oli „Aabrahami rüpes."

Jeesus kuulutas pärast oma viimast hingetõmmet ristil evangeeliumit ülahaua hingedele (1. Peetruse 3:19). Pärast seda kui Jeesus kuulutas evangeeliumi ülahauas, tõusis Ta surnuist üles ja tõi kõik seal olevad hinged paradiisi. Sellest ajast saadik viibivad päästetud hinged paradiisi ääre asuvas Taeva ootekohas. Pärast suure valge trooni kohut lähevad nad oma vastavatesse taevastesse eluasemetesse, mis antakse igaühe usumõõdule vastavalt ja elavad seal igavesti.

Suure valge trooni kohtus, mis toimub pärast inimese kasvatamise lõppu, mõistab Jumal kohut igaühe iga hea või kurja teo üle, loomisest alates. Seda kutsutakse suure valge trooni kohtuks, sest Jumala kohtutroon on nii ere ja hiilgav, et see paistab täiesti valge (Johannese ilmutus 20:11).

Seda suurt kohut peetakse pärast Isanda teist tulekut õhus ja maa peale tulekut ning pärast tuhandeaastase rahuriigi lõppu. Päästetud hingedele on kohus tasu saamiseks ja päästmata hingedele karistuseks.

Päästmata hingede surmajärgne elu

Kaks põrgu sõnumitoojat viivad pärast surma minema need, kes Isandat vastu ei võtnud ja kes tunnistasid end Temasse uskuvat, aga ei pääsenud. Nad jäävad kolmeks päevaks suure sügaviku sarnasesse kohta, et valmistuda eluks allhauas. Neid ootab üksnes tohutu valu. Pärast kolme päeva möödumist viiakse nad allhauda, kus nad saavad oma pattudele vastava karistuse. Allhaud, mis kulub põrgusse, on sama ulatuslik kui Taevas ja seal on palju eri kohti, kuhu mahutatakse päästmata hinged.

Kuni suure valge trooni kohtu toimumiseni jäävad hinged

allhauda, kus neid karistatakse erineval moel. Nende karistuste hulka kuulub putukate või loomade poolt lõhkirebimine või põrgu sõnumitoojate poolt piinamine. Pärast suure valge trooni kohut lähevad nad kas tule- või väävlijärve (mida kutsutakse ka põlevaks väävlijärveks) ja kannatavad igavesti (Johannese ilmutus 21:8).

Tule- või väävlijärves karistamine on võrreldamatult valusam kui allhaua karistus. Põrgutuli on kirjeldamatult kuum. Väävlijärv on tulejärvest seitse korda kuumem. See on inimestele, kes on teinud andeksandmatuid patte nagu näiteks Püha Vaimu teotanud või Talle vastu seisnud.

Ükskord Jumal näitas mulle tule- ja väävlijärve. Need olid lõputud kohad, täis kuumaveeallikate laadset auru ja inimesi oli häguselt näha. Mõningaid neist võis rinnust näha, teised olid kaelani järves. Nad väänlesid ja karjusid tulejärves, aga väävlijärves oli nii valus, et nad ei suutnud isegi väänelda. Me peaksime nähtamatu maailma olemasolu kindlasti uskuma ja elama Jumala Sõna kohaselt, et me kindlasti pääseksime.

Nii erinevad nagu päikese ja kuu kirkus

Apostel Paulus selgitas meie ülestõusmise järgset ihu ja ütles: „Isesugune on päikese kirkus ja isesugune kuu kirkus ja isesugune tähtede kirkus, sest ka täht erineb tähest kirkuse poolest" (1. Korintlastele 15:41).

Päikese kirkus tähistab au, mis antakse neile, kes on oma pattudest täielikult vabanenud, jõudnud pühitsusele ja maa peal kogu Jumala kojas ustavad. Kuu kirkus tähistab au, mis antakse neile, kes pole veel päikese kirkuse tasemele jõudnud. Tähtede kirkus antakse neile, kes on saavutanud isegi kuu kirkusest vähem. Aga nii nagu ka tähed erinevad kirkuse poolest, saab igaüks eri kirkuse ja tasude osaliseks ka siis kui nad lähevad samasugusesse taevasesse eluasemesse.

Piiblis öeldakse, et me saame Taevas erineva kirkuse osaliseks. Taevased eluasemed ja tasud erinevad sõltuvalt meie pattudest vabanemise ja vaimse usu omamise määrale ning ustavusele jumalariigis.

Taevariigis on palju eluasemeid, mis antakse igaühele tema usumõõdu kohaselt. Paradiisi lähevad need, kellel on kõige väiksem usumõõt. Esimene taevariik on paradiisist kõrgemal tasemel ja teine taevariik on omakorda esimesest kõrgemal ning kolmas taevariik on taas teisest kõrgemal. Kolmandal taevariigi tasemel asub Uus Jeruusalemm, kus on Jumala troon.

Taevast ei saa Eedeni aiaga võrrelda

Eedeni aed on väga ilus ja rahulik koht, mida ei ole võimalik võrrelda ka kõige kaunima maapealse kohaga, aga Eedeni aed ei ole omakorda taevariigiga võrreldav. Eedeni aias tuntav rõõm ja taevariigis kogetav erinevad täiesti, sest Eedeni aed asub teises taevariigis ja taevariik ise kolmandal taeva tasemel. Tegu on ka sellega, et Eedeni aias elavad inimese kasvuprotsessi mitteläbinud, kes pole tõelised jumalalapsed.

Oletame, et maapealne elu on otsekui elu pimeduses, kus pole valgustust, siis Eedeni aias elu võib võrrelda lambivalgel elamisega ja taevariigi elu ereda elektrivalgustusega eluga. Enne elektripirni leiutamist kasutati lampe, mis olid üsna hämara valgustusega. Aga need olid ikkagi väärtuslikud. Kui inimesed nägid esmakordselt elektrivalgustust, tundsid nad hämmastust.

Eelnevalt mainiti juba, et inimestele määratakse erinevad taevased eluasemed vastavalt nende usumõõdule ja vaimsele südamele, millel nad oma maapealse elu jooksul kasvada lasevad. Ja iga taevane eluase erineb teistest au ja kogetava õnnetunde poolest märkimisväärselt. Kui minna lihtsalt pühitsuse tasemelt edasi, olles ustavad kogu Jumala koja üle ja muutudes täiesti vaimseks inimeseks, võib minna Uude Jeruusalemma, kus asub Jumala troon.

Uus Jeruusalemm, parim kingitus tõelistele jumalalastele

Nii nagu Jeesus ütles Johannese 14:2: „Minu Isa majas on palju eluasemeid," on Taevas tegelikult palju eluasemeid. Seal on Uus Jeruusalemm, kus asub Jumala troon, aga seal on ka paradiis, mis on vaevu pääsenute jaoks võimaldatud koht.

Uus Jeruusalemm, mida kutsutakse ka „au linnaks", on kõigist taevastest eluasemetest kõige ilusam koht. Jumal tahab, et keegi ei pääseks pelgalt, vaid tuleks ka sinna linna (1. Timoteosele 2:4).

Põllumees ei saa põllutööst vaid parima kvaliteediga vilja. Samamoodi ei tule igaüks inimese kasvatamise käigus terve vaimuga tõelise jumalalapsena esile. Seega Jumal valmistas palju eluasemeid neile, kes ei vasta Uude Jeruusalemma mineku tingimustele, alates paradiisist esimese, teise ja kolmanda taevariigini.

Paradiis ja Uus Jeruusalemm on väga erinevad, neid võib võrrelda otsekui väikest lääpas hurtsikut ja kuningapaleed. Nii nagu vanemad tahaksid oma lastele parimat, tahab ka Jumal, et meist saaksid Ta tõelised lapsed ja me võiksime Temaga Uues Jerusalemmas kõike jagada.

Jumala armastus ei piirdu teatud inimrühmaga. See kuulub

kõigile, kes Jeesuse Kristuse vastu võtavad. Aga taevased eluasemed ja tasud ja pälvitava Jumala armastuse määr erinevad vastavalt igaühe pühitsuse astmele ja ustavusele.

Need, kes lähevad paradiisi, esimesse taevariiki või teise taevariiki, ei ole oma lihast täielikult vabanenud ja pole tegelikult tõelised jumalalapsed. Nii nagu väikelapsed ei saa aru kõigest, mis puudutab nende vanemaid, on ka neil Jumala südant raske mõista. Seega näitab ka see Jumala armastust ja õiglust, et Ta valmistas erinevad eluasemed, mis vastavad igaühe usumõõdule. Nii nagu inimestele meeldib kõige enam suhelda oma vanuserühma kuulujatega, on taevakodanikel kõige mugavam ja meeldivam olla sarnasel usutasemel olijatega.

Uus Jeruusalemm tõendab ka seda, et Jumal sai inimese kasvatamise kaudu täiusliku vilja. Linna kaksteist aluskivi tõendavad, et linna minevate jumalalaste südamed on sama ilusad kui need vääriskivid. Pärlivärav tõendab, et neist väravatest läbi minevates jumalalastes on kasvanud samasugune vastupidavus, mis sarnaneb pärlikarpides vastupidavuse kaudu moodustunud pärlitele.

Pärliväravaid läbides meenub neile taevateel kogetud kannatlikkuse ja vastupidavuse aeg. Siis käivad nad kuldsetel teedel, mis meenutavad maapealseid usuteid. Igaühe majade suurus ja kaunistused meenutavad, kui palju nad Jumalat

Vaimu taastumine

armastasid ja Jumalat oma usuga austasid.

Uude Jeruusalemma minejad võivad Jumalat palgest palgesse näha, sest nad on kasvatanud puhta ja kristallkauni südame ja on saanud tõelisteks jumalalasteks. Samuti teenivad neid arvukad inglid ja nad elavad igavest õnne ja rõõmu tundes. See on hämmastav ja püha paik, mida inimlikult pole võimalik ette kujutada.

Nii nagu on olemas mitmesuguseid raamatuid, on ka Taevas erinevaid raamatuid. Seal on eluraamat, kus on kirjas päästetute nimed ja mälestuste raamat, kuhu on kirja pandud igavesti meeles peetav. See on kuldne ja selle kaanel on aadellikud ja kuninglikud mustrid, seega igaüks võib selle raamatu suurt väärtust lihtsalt mõista. Seal on üksikasjalikult kirjas asjad, mis inimesed tegid igasugustes oludes ja tähtsad osad on ka videona salvestatud.

Seal on näiteks kirjas sündmused nagu Aabrahami poolt Iisaku põletusohvriks loovutamine; Eelija poolt tule taevast alla toomine; Taanieli kaitsmine lõukoerte koopas; ja Taanieli kolme sõbra Jumala austamiseks tulisest ahjust puutumatult läbitulek. Jumal valib teatud väärtusliku päeva, mil Ta avab selle raamatu ja tutvustab inimestele selle sisu. Jumalalapsed kuulavad teda rõõmsalt ja austavad Jumalat Teda kiites.

Samuti peetakse Uues Jeruusalemmas pidevalt palju

pidusööke, kaasa arvatud Isa Jumala korraldatud pidusöögid. Seal peetakse Isanda, Püha Vaimu, aga ka prohvetite nagu Eelija, Eenoki, Aabrahami, Moosese ja apostel Pauluse pidusööke. Teised usklikud võivad teha ka kaasusklikele pidusöömaaja korraldamise üleskutseid. Pidusöögid on taevases elus kogetava rõõmu kõrghetked. Seal saab näha ja kogeda ainsa silmapilguga Taeva küllust, vabadust, ilu ja au.

Ka maa peal kaunistavad inimesed end ilusasti ja tunnevad suurtel pidusöökidel söömisest ja joomisest head meelt. Samamoodi on Taevas. Taevaste pidusöökide ajal esitavad inglid laule ja tantsivad ning mängivad muusikat. Jumalalapsed võivad samuti muusika saatel laulda ja tantsida. See paik on täis ilusaid tantse ja laulmist ja rõõmsaid naeruhelisid. Usukaaslased võivad rõõmsalt vestelda, istudes siin ja seal ümarlaudade taga või nad võivad tervitada usuisasid, keda nad on kohata igatsenud.

Kui usklikke kutsutakse Isanda korraldatud pidusöögile, kaunistavad nad end nii hästi kui nad suudavad, nagu kauneimad Isanda mõrsjad. Isand on meie vaimupeigmees. Kui Isanda mõrsjad jõuavad Isanda lossi ette, võtavad kaks inglit neid kuldses valguses särava värava kõrval alandlikult vastu.

Lossimüürid on ehitud paljude hinnaliste vääriskividega. Müüri ülaosa on kaunistatud ilusate lilledega ja lilledest õhkub meeldivat lõhna äsja kohalesaabunud Isanda mõrsjatele. Kui nad sisenevad lossi, võivad nad kuulda muusikaheli, mis puudutab nende vaimu sügavaimat olemust. Kiituseheli tekitab neisse rõõmu ja trööstitunnet ja nad on südamest liigutatud, tänades ja mõteldes neid sellesse kohta juhatanud Jumala armastuse peale.

Kui nad kõnnivad inglite juhatusel kuldset teed Isanda lossini, on nende süda täis ootusärevust. Peahoonele lähenedes võivad nad näha sealt nende tervitamiseks välja tulevat Isandat. Nende silmad täituvad koheselt pisaratega, aga nüüd jooksevad nad Isanda poole, sest nad soovivad Temaga võimalikult kiiresti kohtuda.

Isand embab neid ühekaupa, Ta näost võib lugeda armastust ja kaastunnet ja Ta käed on süleluseks välja sirutatud. Ta tervitab neid sõnadega: „Tulge, mul kaunid mõrsjad! Tere tulemast!" Usklikud, keda Isand südamlikult tervitab, tänavad Teda kogu südamest sõnadega: „Ma olen tõesti tänulik kutse eest!" Nad kõnnivad Isandaga käsikäest kinni nagu südamepõhjast armastajad, jälgides ümbritsevat ja vesteldes Temaga, mida nad maa peal elades nii väga teha soovisid.

Elu Uues Jeruusalemmas, Kolmainu Jumalaga, on täis armastust, õnne ja rõõmu. Me võime Isandat palgest palgesse näha, olla Ta rinnal, Temaga reisida ja palju asju Temaga kogeda! See on õnnelik elu! Taolise õnne kogemiseks tuleb meil olla püha ja vaimne ja saada lisaks täielik vaim, mis sarnaneb täiesti Isanda südamele.

Seega, saagem selles lootuses kiiresti vaimutäius ja hinge hea seisundiga kaasnev hea käekäik ning tervis ja mingem Jumala troonile võimalikult lähedale, Uude Jeruusalemma.

Autor:
Dr. Jaerock Lee

Dr. Jaerock Lee sündis 1943. aastal Muanis, Jeonnami provintsis, Korea Vabariigis. Kahekümnesena oli Dr. Lee mitmete ravimatute haiguste tõttu seitse aastat haige ja ootas surma ilma paranemislootuseta. Kuid õde viis ta ühel 1974. aasta kevadpäeval kogudusse ja kui ta põlvitas, et palvetada, tervendas elav Jumal ta kohe kõigist haigustest.

Hetkest kui Dr. Lee kohtus selle imelise kogemuse kaudu elava Jumalaga, on ta Jumalat kogu südamest siiralt armastanud ja Jumal kutsus ta 1978. aastal end teenima. Ta palvetas tuliselt, et ta võiks Jumala tahet selgelt mõista ja seda täielikult teha ning kuuletuda kogu Jumala Sõnale. 1982. aastal asutas ta Manmini koguduse Seoulis, Lõuna-Koreas ja tema koguduses on aset leidnud arvukad Jumala teod, kaasa arvatud imepärased tervenemised ja imed.

1986. aastal ordineeriti Dr. Lee Korea Annual Assembly of Jeesus' (Jeesuse aastaassamblee) Sungkyuli koguduse pastoriks ja neli aastat hiljem – 1990. aastal, hakati tema jutlusi edastama Austraalia, Venemaa, Filipiinide ülekannetes ja paljudes muudes kohtades Kaug-Ida ringhäälingukompanii, Aasia ringhäälingujaama ja Washingtoni kristliku raadiosüsteemi kaudu.

Kolm aastat hiljem, 1993. aastal, valis Christian World (Kristliku maailma) ajakiri (USA) Manmini Keskkoguduse üheks „Maailma 50 tähtsamast kogudusest" ja Christian Faith College (Kristlik Usukolledž), Floridas, USA-s andis talle Teoloogia audoktori tiitli ja 1996. aastal sai ta Ph.D. teenistusalase kraadi Kingsway Teoloogiaseminarist, Iowas, USA-s.

1993. aastast alates on Dr. Lee juhtinud maailma misjonitööd, viies läbi palju välismaiseid krusaade Tansaanias, Argentinas, L.A.-s, Baltimore City's, Havail ja New York City's USA-s, Ugandas, Jaapanis, Pakistanis, Kenyas, Filipiinidel, Hondurasel, Indias, Venemaal, Saksamaal, Peruus, Kongo Rahvavabariigis, Iisraelis ja Eestis. 2002. aastal nimetasid Korea peamised kristlikud ajalehed teda tema töö eest paljudel välismaistel ühendkrusaadidel „maailmapastoriks."

2002. aastal kutsuti teda Korea peamistes kristlikes ajalehtedes tema väelise teenistuse tõttu erinevatel väliskoosolekusarjadel „ülemaailmseks äratusjutlustajaks". Ta kuulutas julgelt, et Jeesus Kristus on Messias ja Päästja eriti „New Yorki 2006. aasta koosolekusarja" käigus, mis toimus maailma kuulsaimal laval Madison Square Gardenis ja mida edastati 220 riiki ja Jeruusalemma rahvusvahelises koosolekukeskuses toimunud

„2009. aasta Iisraeli ühendkoosolekute sarja" käigus. Tema jutlusi edastatakse 176 riiki satelliitide kaudu, kaasa arvatud GCN TV ja ta kuulus Venemaa populaarse kristliku ajakirja In Victory (Võidukas) ja uudisteagentuuri Christian Telegraph (Kristlik Telegraaf) sõnul 2009. ja 2010. aastal oma vägeva teleedastusteenistuse ja välismaise koguduste pastoriks olemise tõttu 10 kõige mõjukaima kristliku juhi sekka.

2012. aasta märtsist koosneb Manmini Keskkogudus rohkem kui 120 000 liikmest. Kogudusel on 10000 harukogudust kogu maailmas, kaasa arvatud 54 kodumaist harukogudust ja praeguseni on sealt välja lähetatud rohkem kui 129 misjonäri 23 maale, kaasa arvatud Ameerika Ühendriigid, Venemaa, Saksamaa, Kanada, Jaapan, Hiina, Prantsusmaa, India, Kenya ja paljud muud maad.

Tänaseni on Dr. Lee kirjutanud 64 raamatut, kaasa arvatud bestsellerid Tasting Eternal Life before Death (Maitsedes igavest elu enne surma), My Life My Faith I & II (Minu elu, minu usk I ja II osa), The Message of the Cross (Risti sõnum), The Measure of Faith (Usu mõõt), Heaven I & II (Taevas I ja II osa), Hell (Põrgu) ja The Power of God (Jumala vägi) ja tema teosed on tõlgitud enam kui 74 keelde.

Tema kristlikud veerud ilmuvad väljaannetes The Hankook Ilbo, The JoongAng Daily, The Dong-A Ilbo, The Munhwa Ilbo, The Seoul Shinmun, The Kyunghyang Shinmun, The Hankyoreh Shinmun, The Korea Economic Daily, The Korea Herald, The Shisa News ja The Christian Press.

Dr. Lee on praegu mitme misjoniorganisatsiooni ja –ühingu asutaja ja president, kaasa arvatud The United Holiness Church of Korea (Korea Ühendatud Pühaduse Koguduse) esimees; Manmin World Mission (Manmini Maailmamisjoni) alaline president; The World Christianity Revival Mission Association (Ülemaailmse Kristliku Äratusmisjoni Liidu) asutaja; Manmini TV asutaja ja juhatuse esimees; Global Christian Network (GCN) (Ülemaailmse Kristliku Võrgu CGN) asutaja ja juhatuse esimees; The World Christian Doctors Network (WCDN) (Ülemaailmse Kristlike Arstide Võrgu WCDN) asutaja ja juhatuse esimees; Manmin International Seminary (MIS) (Manmini Rahvusvahelise Seminari MIS) asutaja ja juhatuse esimees.

Taevas I & II

Üksikasjalik ülevaade taevakodanike toredast elukeskkonnast keset Jumala au ja taevariigi eri tasemete ilus kirjeldus.

Risti sõnum

Võimas äratussõnum kõigile, kes on vaimses unes! Sellest raamatust leiate te põhjuse, miks Jeesus on ainus Päästja ja tõeline Jumala armastus.

Põrgu

Tõsine sõnum kogu inimkonnale Jumalalt, kes soovib, et ükski hing ei sattuks põrgu sügavustesse! Te leiate mitte kunagi varem ilmutatud ülevaate surmavalla ja põrgu julmast tegelikkusest.

Minu Elu ja Mu Usk I & II

Kõige hõrgum vaimne lõhn, mis tuleb Jumala armastusega õilmitsevast elust keset süngeid laineid, külma iket ja sügavaimat meeleheidet.

Usumõõt

Missugune elukoht, aukroon ja tasu on sulle Taevas valmistatud? Sellest raamatust saab tarkust ja juhatust usu mõõtmiseks ja parima ning kõige küpsema usu arendamiseks.

www.urimbooks.com

www.ingramcontent.com/pod-product-compliance
Lightning Source LLC
LaVergne TN
LVHW021807060526
838201LV00058B/3270